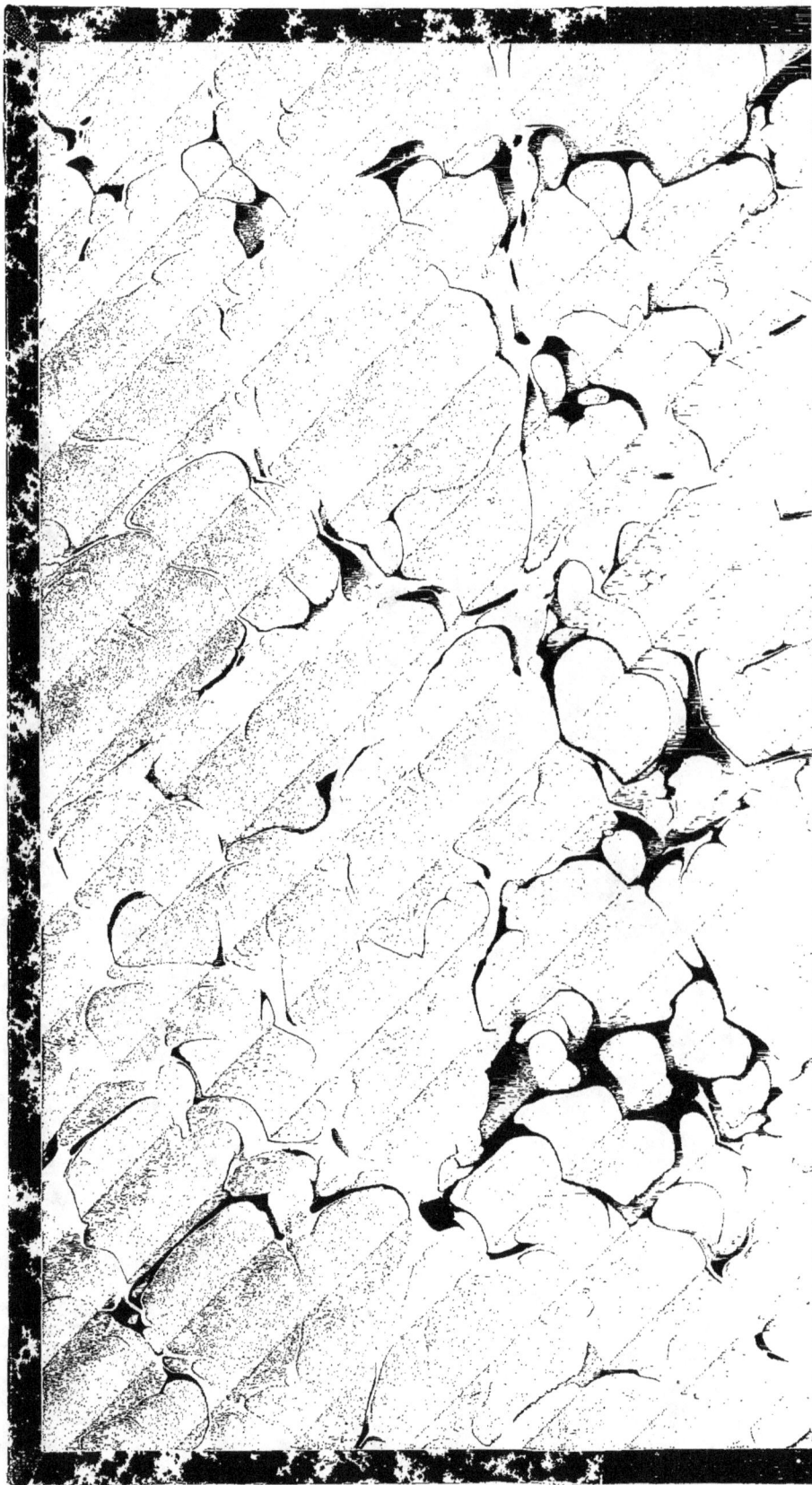

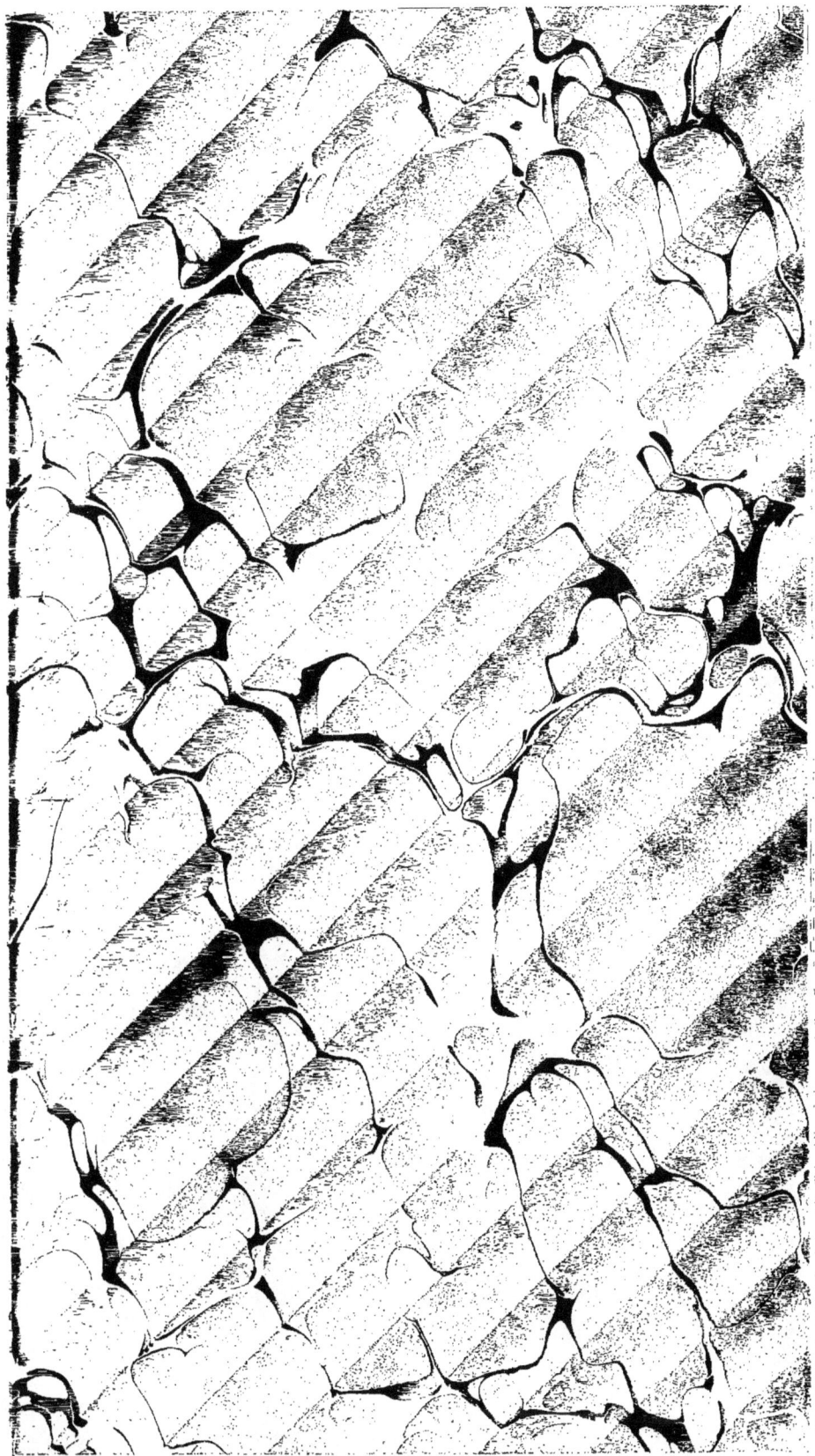

J. ERBAND

PARADOXE

SUR

LE COMÉDIEN.

OUVRAGE POSTHUME

DE DIDEROT.

———————◦◦◦◦◦———————

PARIS,

A. SAUTELET ET Cⁱᵉ, LIBRAJRES,

RUE RICHELIEU, N° 14.

~~~~~~~

M DCCC XXX.

AVERTISSEMENT.

Il y a quelques années on découvrit un ouvrage de Diderot, qu'on avait cru perdu avec plusieurs autres dont il est fait mention dans quelques mémoires du temps, et surtout dans l'histoire de ce grand écrivain, par Naigeon. La découverte du *Neveu de Rameau* a donné l'idée de rechercher tout ce qui manquait dans la collection des œuvres de Diderot. On s'est souvenu que Grimm était resté dépositaire de tous les papiers de son célèbre ami, que des considérations politiques et des convenances de société l'avaient obligé d'en laisser un grand nombre des plus précieux sans publication... Ces manuscrits ont été retrouvés et sont maintenant sous presse. Cet ouvrage n'en est qu'un faible échantillon, qui peut toutefois faire juger du reste... Le public n'apprendra pas sans plaisir que les manuscrits retrouvés renferment des mémoires du plus grand prix, les mémoires du plus ardent et du plus hardi des philosophes du dix-huitième siècle, de l'écrivain le mieux instruit de tout ce qui caractérise la société de son temps, les Mémoires de Diderot enfin ; ces deux mots doivent suffire.

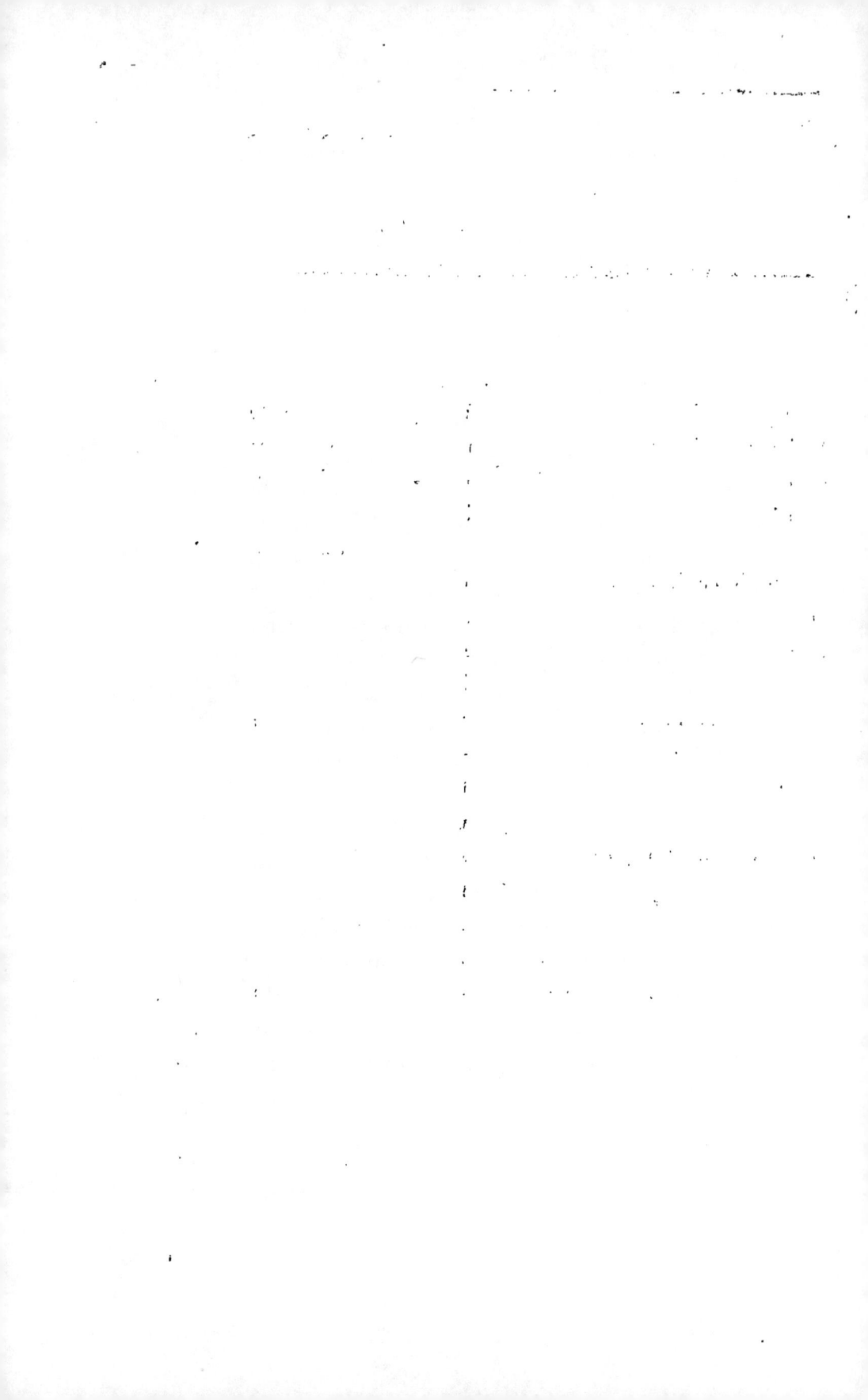

PARADOXE

SUR

LE COMÉDIEN.

PREMIER INTERLOCUTEUR.

N'en parlons plus.

SECOND INTERLOCUTEUR.

Pourquoi?

LE PREMIER.

C'est l'ouvrage (1) de votre ami.

LE SECOND.

Qu'importe?

LE PREMIER.

Beaucoup. A quoi bon vous mettre dans l'alternative de mépriser ou son talent, ou mon jugement, et de rabattre de la bonne opinion que vous avez de lui ou de celle que vous avez de moi?

LE SECOND.

Cela n'arrivera pas; et quand cela arriverait,

(1) Garrick ou les Acteurs anglais.

I

mon amitié pour tous les deux, fondée sur de qualités plus essentielles, n'en souffrirait pas.

LE PREMIER.

Peut-être.

LE SECOND.

J'en suis sûr. Savez-vous à qui vous ressemble dans ce moment? A un auteur de ma connaissanc qui suppliait à genoux une femme à laquelle était attaché, de ne pas assister à la premièr représentation d'une de ses pièces.

LE PREMIER.

Votre auteur était modeste et prudent.

LE SECOND.

Il craignait que le sentiment tendre qu'on avai pour lui ne tînt au cas que l'on faisait de son mé rite littéraire.

LE PREMIER.

Cela se pourrait.

LE SECOND.

Qu'une chute publique ne le dégradât un pe aux yeux de sa maîtresse.

LE PREMIER.

Que moins estimé, il ne fût moins aimé. Et cel vour parait ridicule?

LE SECOND.

C'est ainsi qu'on en jugea. La loge fut louée, e il eut le plus grand succès : et Dieu sait comme i fut embrassé, fêté, caressé.

LE PREMIER.

Il l'eût été bien davantage après la pièce sifflée.

LE SECOND.

Je n'en doute pas.

LE PREMIER.

Et je persiste dans mon avis.

LE SECOND.

Persistez, j'y consens; mais songez que je ne suis pas une femme, et qu'il faut, s'il vous plaît, que vous vous expliquiez.

LE PREMIER.

Absolument?

LE SECOND.

Absolument.

LE PREMIER.

Il me serait plus aisé de me taire que de déguiser ma pensée.

LE SECOND.

Je le crois.

LE PREMIER.

Je serai sévère.

LE SECOND.

C'est ce que mon ami exigerait de vous.

LE PREMIER.

Eh bien, puisqu'il faut vous le dire, son ouvrage, écrit d'un style tourmenté, obscur, entortillé, boursouflé, est plein d'idées communes. Au sortir de cette lecture, un grand comédien

n'en sera pas meilleur, et un pauvre acteur n'e
sera pas moins mauvais. C'est à la nature à don
ner les qualités de la personne, la figure, la voi
le jugement, la finesse. C'est à l'étude des grand
modèles, à la connaissance du cœur humain,
l'usage du monde, au travail assidu, à l'expérienc
et à l'habitude du théâtre, à perfectionner le do
de nature. Le comédien imitateur peut arriver a
point de rendre tout passablement; il n'y a rie
ni à louer, ni à reprendre dans son jeu.

LE SECOND.

Ou tout est à reprendre.

LE PREMIER.

Comme vous vous voudrez. Le comédien d
nature est souvent détestable, quelquefois excel
lent. En quelque genre que ce soit, méfiez-vou
d'une médiocrité soutenue. Avec quelque rigueu
qu'un débutant soit traité, il est facile de pres
sentir ses succès à venir. Les huées n'étouffen
que les ineptes. Et comment la nature sans l'ar
formerait-elle un grand comédien, puisque rien
ne se passe exactement sur la scène comme en
nature, et que les poëmes dramatiques sont tou
composés d'après un certain système de principes
Et comment un rôle serait-il joué de la même ma
nière par deux acteurs différens, puisque dans
l'écrivain le plus clair, le plus précis, le plus
énergique, les mots ne sont et ne peuvent être

que des signes approchés d'une pensée, d'un sentiment, d'une idée; signes dont le mouvement, le geste, le ton, le visage, les yeux, la circonstance donnée, complètent la valeur? Lorsque vous avez entendu ces mots :

Que fait là votre main?
— Je tâte votre habit, l'étoffe en est moelleuse.

Que savez-vous? Rien. Pesez bien ce qui suit, et concevez combien il est fréquent et facile à deux interlocuteurs, en employant les mêmes expressions, d'avoir pensé et de dire des choses tout-à-fait différentes. L'exemple que je vous en vais donner est une espèce de prodige; c'est l'ouvrage même de votre ami. Demandez à un comédien français ce qu'il en pense, et il conviendra que tout en est vrai. Faites la même question à un comédien anglais, et il vous jurera *by God*, qu'il n'y a pas une phrase à changer, et que c'est le pur évangile de la scène. Cependant comme il n'y a presque rien de commun entre la manière d'écrire la comédie et la tragédie en Angleterre et la manière dont on écrit ces poëmes en France, puisque, au sentiment même de Garrick, celui qui sait rendre parfaitement une scène de Shakspeare ne connaît pas le premier accent de la déclamation d'une scène de Racine; puisque enlacé par les vers harmonieux de ce dernier, comme par autant de serpens dont les replis lui étreignent la tête, les pieds, les mains, les jambes et les bras, son action en perdrait toute sa liberté : il s'ensuit évidemment que l'acteur français et l'acteur anglais qui conviennent unanimement de la vérité des principes de votre auteur ne s'entendent pas, et qu'il y a dans la langue technique du théâtre une latitude, un vague assez considérable pour que des hommes sensés, d'opinions diamétralement opposées, croient y reconnaître la lumière de l'évidence. Et demeurez plus que jamais attaché à votre maxime : *Ne vous expliquez point si vous voulez vous entendre.*

LE SECOND.

Vous pensez qu'en tout ouvrage, et surtout dans celui-ci, il y a deux sens distingués, tous les deux renfermés sous les mêmes signes, l'un à Londres, l'autre à Paris ?

LE PREMIER.

Et que ces signes présentent si nettement ces deux sens que votre ami même s'y est trompé, puisqu'en associant des noms de comédiens anglais à des noms de comédiens français, leur appliquant les mêmes préceptes, et leur accordant le même blâme et les mêmes éloges, il a sans doute imaginé que ce qu'il prononçait des uns était également juste des autres.

LE SECOND.

Mais, à ce compte, aucun autre auteur n'aurait fait autant de vrais contre-sens.

LE PREMIER.

Les mêmes mots dont il se sert énonçant une chose au carrefour de Bussy, et une chose différente à Drury-Lane, il faut que je l'avoue à regret; au reste, je puis avoir tort. Mais le point important, sur lequel nous avons des opinions tout-à-fait opposées, votre auteur et moi, ce sont les qualités premières d'un grand comédien. Moi, je lui veux beaucoup de jugement; il me faut dans cet homme un spectateur froid et tranquille, j'en exige, par conséquent, de la pénétration et nulle sensibilité, l'art de tout imiter, ou, ce qui revient au même, une égale aptitude à toutes sortes de caractères et de rôles.

LE SECOND.

Nulle sensibilité!

LE PREMIER.

Nulle. Je n'ai pas encore bien enchaîné mes raisons, et vous me permettrez de vous les exposer comme elles me viendront, dans le désordre de l'ouvrage même de votre ami.

Si le comédien était sensible, de bonne foi lui serait-il permis de jouer deux fois de suite un même rôle avec la même chaleur et le même succès? Très-chaud à la première représentation, il

serait épuisé et froid comme un marbre à la troisième. Au lieu qu'imitateur attentif et disciple réfléchi de la nature, la première fois qu'il se pré-
sentera sur la scène sous le nom d'Auguste, de
Cinna, d'Orosmane, d'Agamemnon, de Mahomet,
copiste rigoureux de lui-même ou de ses études,
et observateur continu de nos sensations, son
jeu, loin de s'affaiblir, se fortifiera des réflexions
nouvelles qu'il aura recueillies ; il s'exaltera ou se
tempérera, et vous en serez de plus en plus satisfait. S'il est lui quand il joue, comment cessera-
t-il d'être lui ? S'il veut cesser d'être lui, comment
saisira-t-il le point juste auquel il faut qu'il se
place et s'arrête ?

Ce qui me confirme dans mon opinion, c'est
l'inégalité des acteurs qui jouent d'ame. Ne vous
attendez de leur part à aucune unité ; leur jeu est
alternativement fort et faible, chaud et froid, plat
et sublime. Ils manqueront demain l'endroit où
ils auront excellé aujourd'hui ; en revanche, ils ex-
celleront dans celui qu'ils auront manqué la veille.
Au lieu que le comédien qui jouera de réflexion,
d'étude de la nature humaine, d'imitation con-
stante d'après quelque modèle idéal, d'imagination, de mémoire, sera un, le même à toutes les
représentations, toujours également parfait : tout
a été mesuré, combiné, appris, ordonné dans sa
tête ; il n'y a dans sa déclamation ni monotonie,

ni dissonance. La chaleur a son progrès, ses élans, ses rémissions, son commencement, son milieu, son extrême. Ce sont les mêmes accens, les mêmes positions, les mêmes mouvemens ; s'il y a quelque différence d'une représentation à l'autre, c'est ordinairement à l'avantage de la dernière. Il ne sera pas journalier : c'est une glace toujours disposée à montrer les objets et à les montrer avec la même précision, la même force et la même vérité. Ainsi que le poète, il va sans cesse puiser dans le fond inépuisable de la nature, au lieu qu'il aurait bientôt vu le terme de sa propre richesse.

Quel jeu plus parfait que celui de la Clairon ? cependant suivez-la, étudiez-la, et vous serez convaincu qu'à la sixième représentation elle sait par cœur tous les détails de son jeu comme tous les mots de son rôle. Sans doute elle s'est fait un modèle auquel elle a d'abord cherché à se conformer ; sans doute elle a conçu ce modèle le plus haut, le plus grand, le plus parfait qu'il lui a été possible ; mais ce modèle qu'elle a emprunté de l'histoire, ou que son imagination a créé comme un grand fantôme, ce n'est pas elle ; si ce modèle n'était que de sa hauteur, que son action serait faible et petite ! Quand, à force de travail, elle a approché de cette idée le plus près qu'elle a pu, tout est fini ; se tenir ferme là, c'est une pure affaire d'exercice et de mémoire. Si vous assistiez à ses études, combien de fois vous lui diriez : *Vous y êtes !*..... combien de fois elle vous répondrait : *Vous vous trompez !*..... C'est comme *Le Quesnoy*, à qui son ami saisissait le bras, et criait : *Arrétez ! le mieux est l'ennemi du bien : vous allez tout gâter*..... Vous voyez ce que j'ai fait, répliquait l'artiste haletant au connaisseur émerveillé ; mais vous ne voyez pas ce que j'ai là, et ce que je poursuis.

Je ne doute point que la Clairon n'éprouve le tourment du Quesnoi dans ses premières tentatives ; mais la lutte passée, lorsqu'elle s'est une fois élevée à la hauteur de son fantôme, elle se possède, elle se répète sans émotion. Comme il nous arrive quelquefois dans le rêve, sa tête touche aux nues, ses mains vont chercher les deux confins de l'horizon ; elle est l'ame d'un grand mannequin qui l'enveloppe ; ses essais l'ont fixé sur elle. Nonchalamment étendue sur une chaise longue, les bras croisés, les yeux fermés, immobile, elle peut, en suivant son rêve de mémoire, s'entendre, se voir, se juger et juger les impressions qu'elle excitera. Dans ce moment elle est double : la petite Clairon et la grande Agrippine.

LE SECOND.

Rien, à vous entendre, ne ressemblerait tant à un comédien sur la scène ou dans ses études, que les enfans qui, la nuit, contrefont les revenans sur les cimetières, en élevant au-dessus de leurs têtes un grand drap blanc au bout d'une perche, et faisant sortir de dessous ce catafalque une voix lugubre qui effraie les passans.

LE PREMIER.

Vous avez raison. Il n'en est pas de la Dumesnil ainsi que de la Clairon. Elle monte sur les planches sans savoir ce qu'elle dira ; la moitié du temps elle ne sait ce qu'elle dit, mais il vient un moment sublime. Et pourquoi l'acteur différerait-il du poète, du peintre, de l'orateur, du musicien ? Ce n'est pas dans la fureur du premier jet que les traits caractéristiques se présentent, c'est dans des momens tranquilles et froids, dans des momens tout-à-fait inattendus. On ne sait d'où ces traits viennent ; ils tiennent de l'inspiration. C'est lorsque, suspendus entre la nature et leur ébauche, ces génies portent alternativement un œil attentif sur l'une et l'autre ; les beautés d'inspiration, les traits fortuits qu'ils répandent dans leurs ouvrages, et dont l'apparition subite les étonne eux-mêmes, sont d'un effet et d'un succès bien autrement assurés que ce qu'ils y ont jeté de boutade. C'est au sang-froid à tempérer le délire de l'enthousiasme.

Ce n'est pas l'homme violent qui est hors de lui-même qui dispose de nous ; c'est un avantage réservé à l'homme qui se possède. Les grands poètes, dramatiques surtout, sont spectateurs assidus de ce qui se passe autour d'eux dans le monde physique et dans le monde moral.

LE SECOND.

Qui n'est qu'un.

LE PREMIER.

Ils saisissent tout ce qui les frappe; ils en font des recueils. C'est de ces recueils formés en eux, à leur insu, que tant de phénomènes rares passent dans leurs ouvrages. Les hommes chauds, violens, sensibles, sont en scène; ils donnent le spectacle, mais ils n'en jouissent pas. C'est d'après eux que l'homme de génie fait sa copie. Les grands poètes, les grands acteurs, et peut-être en général tous les grands imitateurs de la nature, quels qu'ils soient, doués d'une belle imagination, d'un grand jugement, d'un tact fin, d'un goût très-sûr, sont les êtres les moins sensibles. Ils sont également propres à trop de choses; ils sont trop occupés à regarder, à reconnaître et à imiter, pour être vivement affectés au dedans d'eux-mêmes. Je les vois sans cesse le porte-feuille sur les genoux et le crayon à la main.

Nous sentons, nous; eux, ils observent, étudient et peignent. Le dirai-je? Pourquoi non. La sensibilité n'est guère la qualité d'un grand génie. Il aimera la justice; mais il exercera cette vertu sans en recueillir la douceur. Ce n'est pas son cœur, c'est sa tête qui fait tout. A la moindre circon-

stance inopinée, l'homme sensible la perd ; il ne
sera ni un grand roi, ni un grand ministre, ni un
grand capitaine, ni un grand avocat, ni un grand
médecin. Remplissez la salle du spectacle de ces
pleureurs-là, mais ne m'en placez aucun sur la
scène. Voyez les femmes ; elles nous surpassent
certainement, et de fort loin, en sensibilité : quelle
comparaison d'elles à nous dans les instans de la
passion ! Mais autant nous le leur cédons quand
elles agissent, autant elles restent au-dessous de
nous quand elles imitent. La sensibilité n'est jamais
sans faiblesse d'organisation. La larme qui s'échappe
de l'homme vraiment homme nous touche plus que
tous les pleurs d'une femme. Dans la grande comédie, la comédie du monde, celle à laquelle j'en
reviens toujours, toutes les ames chaudes occupent le théâtre ; tous les hommes de génie sont au
parterre. Les premiers s'appellent des fous ; les
seconds, qui s'occupent à copier leurs folies, s'appellent des sages. C'est l'œil du sage qui saisit le
ridicule de tant de personnages divers, qui le
peint, et qui vous fait rire et de ces fâcheux ori-
ginaux dont vous avez été la victime, et de vous-
même. C'est lui qui vous observait, et qui traçait
la copie comique et du Fâcheux et de votre supplice.

Ces vérités seraient démontrées que les grands
comédiens n'en conviendraient pas ; c'est leur se-

cret. Les acteurs médiocres ou novices sont faits
pour les rejeter, et l'on pourrait dire de quelques
autres qu'ils croient sentir, comme on a dit du
superstitieux, qu'il croit croire; et que sans la foi
pour celui-ci, et sans la sensibilité pour celui-là,
il n'y a point de salut.

Mais quoi, dira-t-on, ces accens si plaintifs, si
douloureux, que cette mère arrache du fond de
ses entrailles, et dont les miennes sont si violemment secouées, ce n'est pas le sentiment actuel qui
les produit, ce n'est pas le désespoir qui les inspire? Nullement; et la preuve, c'est qu'ils sont
mesurés; qu'ils font partie d'un système de déclamation; que plus bas ou plus aigus de la vingtième
partie d'un quart de ton, ils sont faux; qu'ils sont
soumis à une loi d'unité; qu'ils sont, comme dans
l'harmonie, préparés et sauvés; qu'ils ne satisfont
à toutes les conditions requises que par une longue
étude; qu'ils concourent à la solution d'un pro-
blème proposé; que pour être poussés justes, ils
ont été répétés cent fois, et que malgré ces fré-
quentes répétitions, on les manque encore; c'est
qu'avant de dire :

Zaïre, vous pleurez !

ou,

Vous y serez ma fille,

l'acteur s'est long-temps écouté lui-même; c'est qu'il s'écoute au moment où il vous trouble, et que tout son talent consiste non pas à sentir, comme vous le supposez, mais à rendre si scrupuleusement les signes extérieurs du sentiment, que vous vous y trompiez. Les cris de sa douleur sont notés dans son oreille. Les gestes de son désespoir sont de mémoire, et ont été préparés devant une glace. Il sait le moment précis où il tirera son mouchoir et où les larmes couleront; attendez-les à ce mot, à cette syllabe, ni plus tôt ni plus tard. Ce tremblement de la voix, ces mots suspendus, ces sons étouffés ou traînés, ce frémissement des membres, ce vacillement des genoux, ces évanouissemens, ces fureurs, pure imitation, leçon recordée d'avance, grimace pathétique, singerie sublime dont l'acteur garde le souvenir long-temps après l'avoir étudiée, dont il avait la conscience présente au moment où il l'exécutait, qui lui laisse, heureusement pour le poète, pour le spectateur et pour lui, toute la liberté de son esprit, et qui ne lui ôte, ainsi que les autres exercices, que la force du corps. Le socque ou le cothurne déposé, sa voix est éteinte, il éprouve une extrême fatigue, il va changer de linge ou se coucher; mais il ne lui reste ni trouble, ni douleur, ni mélancolie, ni affaissement d'ame. C'est vous qui remportez toutes ces impres-

sions. L'acteur est las, et vous tristes; c'est qu
s'est démené sans rien sentir, et que vous av
senti sans vous démener. S'il en était autremer
la condition du comédien serait la plus malhe
reuse des conditions; mais il n'est pas le pe
sonnage, il le joue et le joue si bien que vous
prenez pour tel : l'illusion n'est que pour vou
il sait bien, lui, qu'il ne l'est pas.

Des sensibilités diverses, qui se concertent ent
elles pour obtenir le plus grand effet possible, q
se diapasonent, qui s'affaiblissent, qui se fort
fient, qui se nuancent pour former un tout q
soit un, cela me fait rire. J'insiste donc, et je dis
« C'est l'extrême sensibilité qui fait les acteu
médiocres; c'est la sensibilité médiocre qui fait l
multitude des mauvais acteurs; et c'est le manqu
absolu de sensibilité qui prépare les acteurs sub
limes. » Les larmes du comédien descendent d
son cerveau; celles de l'homme sensible monten
de son cœur : ce sont les entrailles qui troublen
sans mesure la tête de l'homme sensible; c'es
la tête du comédien qui porte quelquefois ur
trouble passager dans ses entrailles; il pleure
comme un prêtre incrédule qui prêche la Passion
comme un séducteur aux genoux d'une femme
qu'il n'aime pas, mais qu'il veut tromper; comme
un gueux dans la rue ou à la porte d'une église,
qui vous injurie lorsqu'il désespère de vous tou-

cher; ou comme une courtisane qui ne sent rien, mais qui se pâme entre vos bras.

Avez-vous jamais réfléchi à la différence des larmes excitées par un événement tragique et des larmes excitées par un récit pathétique? On entend raconter une belle chose : peu à peu la tête s'embarrasse, les entrailles s'émeuvent, et les larmes coulent. Au contraire, à l'aspect d'un accident tragique, l'objet, la sensation et l'effet se touchent; en un instant, les entrailles s'émeuvent, on pousse un cri, la tête se perd, et les larmes coulent; celles-ci viennent subitement; les autres sont amenées. Voilà l'avantage d'un coup de théâtre naturel et vrai sur une scène éloquente, il opère brusquement ce que la scène fait attendre; mais l'illusion en est beaucoup plus difficile à produire; un incident faux, mal rendu, la détruit. Les accens s'imitent mieux que les mouvemens, mais les mouvemens frappent plus violemment. Voilà le fondement d'une loi à laquelle je ne crois pas qu'il y ait d'exception, c'est de dénouer par une action et non par un récit, sous peine d'être froid.

Eh bien, n'avez-vous rien à m'objecter? Je vous entends; vous faites un récit en société; vos entrailles s'émeuvent, votre voix s'entrecoupe, vous pleurez. Vous avez, dites-vous, senti et très-vivement senti. J'en conviens; mais vous y êtes-vous

2

préparé? Non. Parliez-vous en vers? Non. Cependant vous entraîniez, vous étonniez, vous tou-
chiez, vous produisiez un grand effet. Il est vrai.
Mais portez au théâtre votre ton familier, votre
expression simple, votre maintien domestique,
votre geste naturel, et vous verrez combien vous
serez pauvre et faible. Vous aurez beau verser
des pleurs, vous serez ridicule, on rira. Ce ne sera
pas une tragédie, ce sera une parade tragique que
vous jouerez. Croyez-vous que les scènes de Corneille, de Racine, de Voltaire, même de Shakspeare, puissent se débiter avec votre voix de
conversation et le ton du coin de votre âtre? Pas
plus que l'histoire du coin de votre âtre avec
l'emphase et l'ouverture de bouche du théâtre.

LE SECOND.

C'est que peut-être Racine et Corneille, tout
grands hommes qu'ils étaient, n'ont rien fait qui
vaille.

LE PREMIER.

Quel blasphème! Qui est-ce qui oserait le pro-
férer? Qui est-ce qui oserait y applaudir? Les
choses familières de Corneille ne peuvent pas
même se dire d'un ton familier.

Mais une expérience que vous aurez cent fois
répétée, c'est qu'à la fin de votre récit, au milieu
du trouble et de l'émotion que vous avez jetés
dans votre petit auditoire de salon, il survient un

nouveau personnage dont il faut satisfaire la curiosité. Vous ne le pouvez plus, votre ame est épuisée, il ne vous reste ni sensibilité, ni chaleur, ni larmes. Pourquoi l'acteur n'éprouve-t-il pas le même affaissement? C'est qu'il y a bien de la différence de l'intérêt qu'il prend à un conte fait à plaisir et de l'intérêt que vous inspire le malheur de votre voisin. Êtes-vous Cinna? Avez-vous jamais été Cléopâtre, Mérope, Agrippine? Que vous importent ces gens-là? La Cléopâtre, la Mérope, l'Agrippine, le Cinna du théâtre, sont-ils même des personnages historiques? Non. Ce sont les fantômes imaginaires de la poésie; je dis trop: ce sont des spectres de la façon particulière de tel ou tel poète. Laissez ces espèces d'hippogriffes sur la scène avec leurs mouvemens, leur allure et leurs cris; ils figureraient mal dans l'histoire; ils feraient éclater de rire dans un cercle ou une autre assemblée de la société. On se demanderait à l'oreille: Est-ce qu'il est en délire? D'où vient ce Don Quichotte-là? Où fait-on de ces contes-là? Quelle est la planète où l'on parle ainsi?

LE SECOND.

Mais pourquoi ne révoltent-ils pas au théâtre?

LE PREMIER.

C'est qu'ils y sont de convention. C'est une formule donnée par le vieil Eschyle; c'est un protocole de trois mille ans.

LE SECOND.

Et ce protocole a-t-il encore long-temps à durer?

LE PREMIER.

Je l'ignore. Tout ce que je sais, c'est qu'on s'en écarte à mesure qu'on s'approche de son siècle et de son pays.

Connaissez-vous une situation plus semblable à celle d'Agamemnon dans la première scène d'*Iphigénie*, que la situation de Henri IV, lorsque, obsédé de terreurs qui n'étaient que trop fondées, il disait à ses familiers : Ils me tueront, rien n'est plus certain; ils me tueront..... Supposez que cet excellent homme, ce grand et malheureux monarque, tourmenté la nuit de ce pressentiment funeste, se lève et s'en aille frapper à la porte de Sully, son ministre et son ami; croyez-vous qu'il y eût un poète assez absurde pour faire dire à Henri :

> Oui, c'est Henri, c'est ton roi qui t'éveille,
> Viens, reconnais la voix qui frappe ton oreille...

Et faire répondre à Sully :

> C'est vous-même, seigneur! Quel important besoin
> Vous a fait devancer l'aurore de si loin?
> A peine un faible jour vous éclaire et me guide,
> Vos yeux seuls et les miens sont ouverts!...

LE SECOND.

C'était peut-être là le vrai langage d'Agamemnon.

LE PREMIER.

Pas plus que celui de Henri IV. C'est celui
d'Homère, c'est celui de Racine, c'est celui de la
poésie; et ce langage pompeux ne peut être employé que par des êtres inconnus, et parlé par des
bouches poétiques avec un ton poétique.

Réfléchissez un moment sur ce qu'on appelle
au théâtre *être vrai*. Est-ce y montrer les choses
comme elles sont en nature? Aucunement. Le vrai
en ce sens ne serait que le commun. Qu'est-ce donc
que le vrai de la scène? C'est la conformité des
actions, des discours, de la figure, de la voix,
du mouvement, du geste, avec un modèle idéal
imaginé par le poète, et souvent exagéré par le
comédien. Voilà le merveilleux. Ce modèle n'influe
pas seulement sur le ton; il modifie jusqu'à la dé-
marche, jusqu'au maintien. De là vient que le
comédien dans la rue ou sur la scène sont deux
personnages si différens, qu'on a peine à les reconnaître. La première fois que je vis mademoiselle Clairon chez elle, je m'écriai tout naturellement: *Ah! mademoiselle, je vous croyais de toute
la tête plus grande.*

Une femme malheureuse, et vraiment malheureuse, pleure et ne vous touche point: il y a pis,

c'est qu'un trait léger qui la défigure vous fait
rire; c'est qu'un accent qui lui est propre dissonne
à votre oreille et vous blesse; c'est qu'un mouvement qui lui est habituel vous montre sa douleur
ignoble et maussade; c'est que les passions outrées
sont presque toutes sujettes à des grimaces que
l'artiste sans goût copie servilement, mais que le
grand artiste évite. Nous voulons qu'au plus fort
des tourmens l'homme garde le caractère d'homme,
la dignité de son espèce. Quel est l'effet de cet
effort héroïque? De distraire de la douleur et de
la tempérer. Nous voulons que cette femme tombe
avec décence, avec mollesse, et que ce héros
meure comme le gladiateur ancien, au milieu de
l'arène, aux applaudissemens du cirque, avec
grace, avec noblesse, dans une attitude élégante
et pittoresque. Qui est-ce qui remplira notre at-
tente? Sera-ce l'athlète que la douleur subjugue
et que la sensibilité décompose? Ou l'athlète aca-
démisé qui se possède et pratique les leçons de la
gymnastique en rendant le dernier soupir? Le
gladiateur ancien, comme un grand comédien,
un grand comédien, ainsi que le gladiateur ancien,
ne meurent pas comme on meurt sur un lit, mais
sont tenus de nous jouer une autre mort pour
nous plaire, et le spectateur délicat sentirait que
la vérité nue, l'action dénuée de tout apprêt serait
mesquine et contrasterait avec la poésie du reste.

Ce n'est pas que la pure nature n'ait ses momens sublimes; mais je pense que s'il est quelqu'un sûr de saisir et de conserver leur sublimité, c'est celui qui les aura pressentis d'imagination ou de génie, et qui les rendra de sang-froid.

Cependant je ne nierais pas qu'il n'y eût une sorte de mobilité d'entrailles acquise ou factice ; mais si vous m'en demandez mon avis, je la crois presque aussi dangereuse que la sensibilité naturelle. Elle doit conduire peu à peu l'acteur à la manière et à la monotonie. C'est un élément contraire à la diversité des fonctions d'un grand comédien ; il est souvent obligé de s'en dépouiller, et cette abnégation de soi n'est possible qu'à une tête de fer. Encore vaudrait-il mieux, pour la facilité et le succès des études, l'universalité du talent et la perfection du jeu, n'avoir point à faire cette incompréhensible distraction de soi d'avec soi, dont l'extrême difficulté bornant chaque comédien à un seul rôle, condamne les troupes à être très-nombreuses, ou presque toutes les pièces à être mal jouées, à moins que l'on ne renverse l'ordre des choses, et que les pièces ne se fassent pour les acteurs, qui, ce me semble, devraient tout au contraire être faits pour les pièces.

LE SECOND.

Mais si une foule d'hommes attroupés dans la rue par quelque catastrophe viennent à déployer

subitement, et chacun à sa manière, leur sensibilité naturelle, sans s'être concertés, ils créeront
un spectacle merveilleux, mille modèles précieux
pour la sculpture, la peinture, la musique et la
poésie.

LE PREMIER.

Il est vrai. Mais ce spectacle serait-il à comparer
avec celui qui résulterait d'un accord bien entendu, de cette harmonie que l'artiste y introduira
lorsqu'il le transportera du carrefour sur la scène
ou sur la toile? Si vous le prétendez, quelle est
donc, vous répliquerai-je, cette magie de l'art si
vantée, puisqu'elle se réduit à gâter ce que la
brute nature et un arrangement fortuit avaient
mieux fait qu'elle? Niez-vous qu'on n'embellisse
la nature? N'avez-vous jamais loué une femme en
disant qu'elle était belle comme une *Vierge* de
Raphaël? A la vue d'un beau paysage, ne vous
êtes-vous pas écrié qu'il était romanesque? D'ailleurs vous me parlez d'une chose réelle, et moi
je vous parle d'une imitation; vous me parlez d'un
instant fugitif de la nature, et moi je vous parle
d'un ouvrage de l'art, projeté, suivi, qui a ses
progrès et sa durée. Prenez chacun de ces acteurs,
faites varier la scène dans la rue comme au théâtre,
et montrez-moi vos personnages successivement,
isolés, deux à deux, trois à trois; abandonnez-les
à leurs propres mouvemens; qu'ils soient maîtres

absolus de leurs actions, et vous verrez l'étrange cacophonie qui en résultera. Pour obvier à ce défaut, les faites-vous répéter ensemble? Adieu leur sensibilité naturelle, et tant mieux.

Il en est du spectacle comme d'une société bien ordonnée, où chacun sacrifie de ses droits pour le bien de l'ensemble et du tout. Qui est-ce qui appréciera le mieux la mesure de ce sacrifice? Sera-ce l'enthousiaste? Le fanatique? Non, certes. Dans la société, ce sera l'homme juste; au théâtre, le comédien qui aura la tête froide. Votre scène des rues est à la scène dramatique comme une horde de sauvages à une assemblée d'hommes civilisés.

C'est ici le lieu de vous parler de l'influence perfide d'un médiocre partenaire sur un excellent comédien. Celui-ci a conçu grandement, mais il sera forcé de renoncer à son modèle idéal pour se mettre au niveau du pauvre diable avec qui il est en scène. Il se passe alors d'étude et de bon jugement : ce qui se fait d'instinct à la promenade ou au coin du feu, celui qui parle abaisse le ton de son interlocuteur. Ou si vous aimez mieux une autre comparaison, c'est comme au whisk, où vous perdrez une portion de votre habileté, si vous ne pouvez pas compter sur votre joueur. Il y a plus : la Clairon vous dira, quand vous voudrez, que Le Kain, par méchanceté, la rendait mauvaise ou médiocre, à discrétion ; et que de représailles, elle l'exposait quelquefois aux sifflets. Qu'est-ce donc que deux comédiens qui se soutiènnent mutuellement ? Deux personnages dont les modèles ont, proportion gardée, ou l'égalité, ou la subordination qui convient aux circonstances où le poète les a placés, sans quoi l'un sera trop fort ou trop faible ; et pour sauver cette dissonance, le fort élèvera rarement le faible à sa hauteur ; mais, de réflexion, il descendra à sa petitesse. Et savez-vous l'objet de ces répétitions si multipliées? C'est d'établir une balance entre les talens divers des acteurs, de manière qu'il en résulte une action générale qui soit une; et lorsque l'orgueil de l'un d'entre eux se refuse à cette balance, c'est toujours aux dépens de la perfection du tout, au détriment de votre plaisir ; car il est rare que l'excellence d'un seul vous dédommage de la médiocrité des autres qu'elle fait ressortir. J'ai vu quelquefois la personnalité d'un grand acteur punie ; c'est lorsque le public prononçait sottement qu'il était outré, au lieu de sentir que son partenaire était faible.

A présent vous êtes poète : vous avez une pièce à faire jouer, et je vous laisse le choix ou d'acteurs à profond jugement et à tête froide, ou d'acteurs sensibles. Mais avant de vous décider, permettez que je vous fasse une question. A quel âge est-on grand comédien? Est-ce à l'âge où l'on est plein de feu, où le sang bouillonne dans les veines, où le choc le plus léger porte le trouble au fond des entrailles, où l'esprit s'enflamme à la moindre étincelle? Il me semble que non. Celui que la nature a signé comédien, n'excelle dans son art que quand la longue expérience est acquise, lorsque la fougue des passions est tombée, lorsque la tète est calme, et que l'ame se possède. Le vin de la meilleure qualité est âpre et bourru lorsqu'il fermente; c'est par un long séjour dans la tonne qu'il devient généreux. Cicéron, Sénèque et Plutarque me représentent les trois âges de l'homme qui compose : Cicéron n'est souvent qu'un feu de paille qui réjouit mes yeux; Sénèque un feu de sarment qui les blesse; au lieu que si je remue les cendres du vieux Plutarque, j'y découvre les gros charbons d'un brasier qui m'échauffent doucement.

Baron jouait, à soixante ans passés, le comte d'Essex, Xipharès, Britannicus, et les jouait bien. La Gaussin enchantait, dans *l'Oracle* et *la Pupille*, à cinquante ans.

LE SECOND.

Elle n'avait guère le visage de son rôle.

LE PREMIER.

Il est vrai; et c'est là peut-être un des obstacles insurmontables à l'excellence d'un spectacle. Il faut s'être promené de longues années sur les

planches, et le rôle exige quelquefois la premièr
jeunesse. S'il s'est trouvé une actrice de dix-sep
ans, capable du rôle de Monime, de Didon, d
Pulchérie, d'Hermione, c'est un prodige qu'on n
reverra plus. Cependant un vieux comédien n'e
ridicule que quand les forces l'ont tout-à-fa
abandonné, ou que la supériorité de son jeu n
sauve pas le contraste de sa vieillesse et de so
rôle. Il en est au théâtre comme dans la société
où l'on ne reproche la galanterie à une femm
que quand elle n'a ni assez de talens, ni asse
d'autres vertus pour couvrir un vice.

De nos jours, la Clairon et Molé ont, en débu
tant, joué à peu près comme des automates, er
suite ils se sont montrés de vrais comédiens. Con
ment cela s'est-il fait? Est-ce que l'ame, la sensi
bilité, les entrailles leur sont venues à mesur
qu'ils avançaient en âge?

Il n'y a qu'un moment, après dix ans d'absenc
du théâtre, la Clairon voulut y reparaître; si ell
joua médiocrement, est-ce qu'elle avait perdu so
ame, sa sensibilité, ses entrailles? Aucunement
mais bien la mémoire de ses rôles. J'en appelle
l'avenir.

LE SECOND.

Quoi, vous croyez qu'elle nous reviendra?

LE PREMIER.

Ou qu'elle périra d'ennui; car que voulez-vou

qu'on mette à la place de l'applaudissement public
et d'une grande passion? Si cet acteur, si cette actrice étaient profondément pénétrés, comme on le
suppose, dites-moi si l'un penserait à jeter un
coup d'œil sur les loges, l'autre à diriger un sou-
rire vers la coulisse, presque tous à parler au
parterre, et si l'on irait aux foyers interrompre
les ris immodérés d'un troisième, et l'avertir qu'il
est temps de venir se poignarder?

Mais il me prend envie de vous ébaucher une
scène entre un comédien et sa femme qui se dé-
testaient; scène d'amans tendres et passionnés;
scène jouée publiquement sur les planches, telle
que je vais vous la rendre et peut-être un peu
mieux; scène où deux acteurs ne parurent jamais
plus fortement à leurs rôles; scène où ils enlevè-
rent les applaudissemens continus du parterre et
des loges; scène que nos battemens de mains et
nos cris d'admiration interrompirent dix fois. C'est
la troisième du quatrième acte du *Dépit amoureux*
de Molière, leur triomphe.

Le comédien ÉRASTE, amant de Lucile.
LUCILE, maîtresse d'Éraste et femme du comédien.

LE COMÉDIEN.

Non, non. ne croyez pas, madame,
Que je revienne encor vous parler de ma flamme.

La comédienne. Je vous le conseille.

C'en est fait;

—Je l'espère.

Je me veux guérir, et connais bien
Ce que de votre cœur a possédé le mien.

— Plus que vous n'en méritiez.

Un courroux si constant pour l'ombre d'une offense

— Vous, m'offenser ! je ne vous fais pas cet hon
neur.

M'a trop bien éclairci de votre indifférence ;
Et je dois vous montrer que les traits du mépris

— Le plus profond.

Sont sensibles surtout aux généreux esprits.

— Oui, aux généreux.

Je l'avouerai, mes yeux observaient dans les vôtres
Des charmes qu'ils n'ont point trouvés dans tous les autres.

—Ce n'est pas faute d'en avoir vu.

Et le ravissement où j'étais de mes fers,
Les aurait préférés à des sceptres offerts.

— Vous en avez fait meilleur marché.

Je vivais tout en vous ;

Cela est faux, et vous en avez menti.

Et, je l'avouerai même,
Peut-être qu'après tout j'aurai, quoique outragé,
Assez de peine encore à m'en voir dégagé.

— Cela serait fâcheux.

Possible que, malgré la cure qu'elle essaie,
Mon ame saignera long-temps de cette plaie,

— Ne craignez rien ; la gangrène y est.

Et qu'affranchi d'un joug qui faisait tout mon bien,
Il faudra me résoudre à n'aimer jamais rien.

— Vous trouverez du retour.

Mais enfin il n'importe ; et puisque votre haine
Chasse un cœur tant de fois que l'amour vous ramène,
C'est la dernière ici des importunités
Que vous aurez jamais de mes vœux rebutés.

LA COMÉDIENNE.

Vous pouvez faire aux miens la grace tout entière,
Monsieur, et m'épargner encor cette dernière.

Le comédien. Mon cœur, vous êtes une insolente, et vous vous en repentirez.

LE COMÉDIEN.

Eh bien, madame, eh bien ! ils seront satisfaits.
Je romps avecque vous, et j'y romps pour jamais.
Puisque vous le voulez, que je perde la vie,
Lorsque de vous parler je reprendrai l'envie.

LA COMÉDIENNE.

Tant mieux, c'est m'obliger.

LE COMÉDIEN.

Non, non, n'ayez pas peur,

La comédienne. Je ne vous crains pas.

Que je fausse parole ; eussè-je un faible cœur,
Jusques à n'en pouvoir effacer votre image,

Croyez que vous n'aurez jamais cet avantage

C'est le malheur que vous voulez dire.

De me voir revenir.

LA COMÉDIENNE.

Ce serait bien en vain.

Le comédien. Ma mie, vous êtes une fieffée gueuse, à qui j'apprendrai à parler.

LE COMÉDIEN.

Moi-même de cent coups je percerais mon sein.

La comédieune. Plût à Dieu !

Si j'avais jamais fait cette bassesse insigne.

Pourquoi pas celle-là, après tant d'autres ?

De vous revoir, après ce traitement indigne.

LA COMÉDIENNE.

Soit ; n'en parlons donc plus.

Et ainsi du reste. Après cette double scène, l'une d'amans, l'autre d'époux, lorsque Éraste reconduisait sa maîtresse Lucile dans la coulisse, il lui serrait le bras d'une violence à arracher la chair à sa chère femme, et répondait à ses cris par les propos les plus insultans et les plus amers.

LE SECOND.

Si j'avais entendu ces deux scènes simultanées, je crois que de ma vie je n'aurais remis le pied au spectacle.

Si vous prétendez que cet acteur et cette actrice
ont senti, je vous demanderai si c'est dans la
scène des amans, ou dans la scène des époux, ou
dans l'une et l'autre? Mais écoutez la scène sui-
vante entre la même comédienne et un autre acteur, son amant.

Tandis que l'amant parle, la comédienne dit de
son mari : *C'est un indigne, il m'a appelée ......;
je n'oserais vous le répéter.*

Tandis qu'elle répond, son amant lui répond :
Est-ce que vous n'y êtes pas faite ?.... Et ainsi de
couplet en couplet.

Ne soupons-nous pas ce soir? — *Je le voudrais
bien; mais comment s'échapper ?* —C'est votre affaire.—*S'il vient à le savoir?*—Il n'en sera ni plus
ni moins, et nous aurons par-devers nous une
soirée douce. — *Qui aurons-nous?* — Qui vous
voudrez. — *Mais d'abord le chevalier, qui est de
fondation.* — A propos du chevalier, savez qu'il ne
tiendrait qu'à moi d'en être jaloux? — *Et qu'à
moi que vous eussiez raison?*

C'est ainsi que ces êtres si sensibles vous parais-
saient tout entiers à la scène haute que vous entendiez, tandis qu'ils n'étaient vraiment qu'à la
scène basse que vous n'entendiez pas; et vous
vous écrieiez : « Il faut avouer que cette femme
est une actrice charmante; que personne ne sait

3

écouter comme elle, et qu'elle joue avec une in-
telligence, une grace, un intérêt, une finesse, une
sensibilité peu commune..... » Et moi, je riais de
vos exclamations.

Cependant cette actrice trompe son mari avec
un autre acteur, cet acteur avec le chevalier, et le
chevalier avec un troisième, que le chevalier sur-
prend entre ses bras. Celui-ci a médité une grande
vengeance. Il se placera aux balcons, sur les gra-
dins les plus bas. (Alors le comte de Lauraguais
n'en n'avait pas encore débarrassé notre scène.]
Là, il s'est promis de déconcerter l'infidèle par sa
présence et par ses regards méprisans, de la troubler et de l'exposer aux huées du parterre. La
pièce commence; sa traîtresse paraît; elle aperçoit
le chevalier; et, sans s'ébranler dans son jeu,
elle lui dit en souriant : *Fi! le vilain boudeur qui
se fâche pour rien.* Le chevalier sourit à son tour.
Elle continue : *Vous venez ce soir?* Il se tait. Elle
ajoute : *Finissons cette plate querelle, et faites
avancer votre carrosse.....* Et savez - vous dans
quelle scène on intercalait celle-ci. Dans une des
plus touchantes de La Chaussée, où cette comédienne sanglotait et nous faisait pleurer à chaudes
larmes. Cela vous confond; et c'est pourtant
l'exacte vérité.

LE SECOND.

C'est à me dégoûter du théâtre.

LE PREMIER.

Et pourquoi? Si ces gens-là n'étaient pas capables de ces tours de force, c'est alors qu'il n'y faudrait pas aller. Ce que je vais vous raconter, je l'ai vu.

Garrick passe sa tête entre les deux battans d'une porte, et, dans l'intervalle de quatre à cinq secondes, son visage passe successivement de la joie folle à la joie modérée, de cette joie à la tranquillité, de la tranquillité à la surprise, de la surprise à l'étonnement, de l'étonnement à la tristesse, de la tristesse à l'abattement, de l'abattement à l'effroi, de l'effroi à l'horreur, de l'horreur au désespoir, et remonte de ce dernier degré à celui d'où il était descendu. Est-ce que son ame a pu éprouver toutes ces sensations et exécuter, de concert avec son visage, cette espèce de gamme? Je n'en crois rien, ni vous non plus. Si vous demandiez à cet homme célèbre, qui lui seul méritait autant qu'on fît le voyage d'Angleterre que tous les restes de Rome méritent qu'on fasse le voyage d'Italie; si vous lui demandiez, dis-je, la scène du Petit Garçon pâtissier, il vous la jouait; si vous lui demandiez tout de suite la scène d'Hamlet, il vous la jouait, également prêt à pleurer la chute de ses petits pâtés et à suivre dans l'air le chemin d'un poignard. Est-ce qu'on rit, est-ce qu'on pleure à discrétion? On en fait la grimace plus ou moins

fidèle, plus ou moins trompeuse, selon qu'on es
ou qu'on n'est pas Garrick.

Je persifle quelquefois, et même avec assez d
vérité, pour en imposer aux hommes du mond
les plus déliés. Lorsque je me désole de la mor
simulée de ma sœur dans la scène avec l'avocat bas
normand; lorsque, dans la scène avec le premier
commis de la marine, je m'accuse d'avoir fait un
enfant à la femme d'un capitaine de vaisseau, j'a
tout-à-fait l'air d'éprouver de la douleur et de la
honte; mais suis-je affligé? suis-je honteux? Pas
plus dans ma petite comédie que dans la société,
où j'avais fait ces deux rôles avant de les introduire
dans un ouvrage de théâtre. Qu'est-ce donc qu'un
grand comédien? Un grand persifleur tragique ou
comique, à qui le poète a dicté son discours.

Sedaine donne *le Philosophe sans le savoir.* Je
m'intéressais plus vivement que lui au succès de
la pièce; la jalousie de talens est un vice qui m'est
étranger, j'en ai assez d'autres sans celui-là : j'at-
teste tous mes confrères en littérature, lorsqu'ils
ont daigné quelquefois me consulter sur leurs
ouvrages, si je n'ai pas fait tout ce qui dépendait
de moi pour répondre dignement à cette marque
distinguée de leur estime? *Le Philosophe sans le
savoir* chancelle à la première, à la seconde représentation, et j'en suis bien affligé; à la troisième,
il **va aux** nues, et j'en suis transporté de joie. Le

lendemain matin je me jette dans un fiacre, je cours après Sedaine ; c'était en hiver, il faisait le froid le plus rigoureux ; je vais partout où j'espère le trouver. J'apprends qu'il est au fond du faubourg Saint-Antoine, je m'y fais conduire. Je l'aborde ; je jette mes bras autour de son cou ; la voix me manque, et les larmes me coulent le long des joues. Voilà l'homme sensible et médiocre. Sedaine, immobile et froid, me regarde et me dit : *Ah! M. Diderot, que vous êtes beau !* Voilà l'observateur et l'homme de génie.

Ce fait, je le racontais un jour à table, chez un homme que ses talens supérieurs destinaient à occuper la place la plus importante de l'État, chez M. Necker ; il y avait un assez grand nombre de gens de lettres, entre lesquels Marmontel, que j'aime, et à qui je suis cher. Celui-ci me dit ironiquement : *Vous verrez que lorsque Voltaire se désole au simple récit d'un trait pathétique, et que Sedaine garde son sang-froid à la vue d'un ami qui fond en larmes, c'est Voltaire qui est l'homme ordinaire, et Sedaine l'homme de génie !* Cette apostrophe me déconcerte et me réduit au silence, parce que l'homme sensible, comme moi, tout entier à ce qu'on lui objecte, perd la tête, et ne se retrouve qu'au bas de l'escalier. Un autre, froid et maître de lui-même, aurait répondu à Marmontel : Votre réflexion serait mieux dans une

autre bouche que la vôtre, parce que vous ne
sentez pas plus que Sedaine, et que vous faites
aussi de fort belles choses, et que courant la même
carrière que lui, vous pouviez laisser à votre voisin le soin d'apprécier impartialement son mérite.
Mais sans vouloir préférer Sedaine à Voltaire, ni
Voltaire à Sedaine, pourriez-vous me dire ce qui
serait sorti de la tête de l'auteur du *Philosophe
sans le savoir*, du *Déserteur* et de *Paris sauvé*, si,
au lieu de passer trente-cinq ans de sa vie à gâcher
le plâtre et à couper la pierre, il eût employé tout
ce temps, comme Voltaire, vous et moi, à lire et
à méditer Homère, Virgile, le Tasse, Cicéron,
Démosthène et Tacite? Nous ne saurons jamais
voir comme lui, et il aurait appris à dire comme
nous. Je le regarde comme un des arrière-neveux
de Shakspeare; ce Shakspeare, que je ne compa-
rerai ni à l'Apollon du Belvédère, ni au Gladiateur, ni à l'Antinoüs, ni à l'Hercule de Glycon,
mais bien au saint Christophe de Notre-Dame, co-
losse informe, grossièrement sculpté, mais entre
les jambes duquel nous passerions tous sans que
notre front touchât à ses parties honteuses.

Mais un autre trait où je vous montrerai un
personnage dans un moment rendu plat et sot par
sa sensibilité, et dans le moment suivant sublime
par le sang-froid qui succéda à la sensibilité étouffée, le voici :

Un littérateur, dont je tairai le nom, était tombé dans l'extrême indigence. Il avait un frère, théologal et riche. Je demandai à l'indigent pourquoi son frère ne le secourait pas. C'est, me répondit-il, que j'ai de grands torts avec lui. J'obtins de celui-ci la permission d'aller voir M. le théologal. J'y vais. On m'annonce; j'entre. Je dis au théologal que je vais lui parler de son frère. Il me prend brusquement par la main, me fait asseoir, et m'observe qu'il est d'un homme sensé de connaître celui dont il se charge de plaider la cause; puis m'apostrophant avec force: « Connaissez-vous mon frère? — Je le crois. — Êtes-vous instruit de ses procédés à mon égard? — Je le crois. — Vous le croyez? Vous savez donc?... » Et voilà mon théologal qui me débite avec une rapidité et une véhémence surprenante, une suite d'actions plus atroces, plus révoltantes les unes que les autres. Ma tête s'embarrasse, je me sens accablé; je perds le courage de défendre un aussi abominable monstre que celui qu'on me dépeignait. Heureusement mon théologal, un peu prolixe dans sa philippique, me laissa le temps de me remettre; peu à peu l'homme sensible se retira et fit place à l'homme éloquent, car j'oserai dire que je le fus dans l'occasion. » Monsieur, dis-je froidement au théologal, votre frère a fait pis, et je vous loue de me céler le plus criant de ses forfaits. — Je ne cèle rien. — Vous auriez pu ajouter à tout ce que vous m'avez dit, qu'une nuit, comme vous sortiez de chez vous pour aller à matines, il vous avait saisi à la gorge, et que tirant un couteau qu'il tenait caché sous son habit, il avait été sur le point de vous l'enfoncer dans le sein. — Il en est bien capable; mais si je ne l'en ai pas accusé, c'est que cela n'est pas vrai.... »—Et moi, me levant subitement, et attachant sur mon théologal un regard ferme et sévère, je m'écriai d'une voix tonnante, avec toute la véhémence et l'emphase de l'indignation : « Et quand cela serait vrai, est-ce qu'il ne faudrait pas encore donner du pain à votre frère ? » Le théologal, écrasé, terrassé, confondu, reste muet, se promène, revient à moi, et m'accorde une pension annuelle pour son frère.

Est-ce au moment où vous venez de perdre votre ami ou votre maîtresse que vous composerez un poëme sur sa mort ? Non. Malheur à celui qui jouit alors de son talent ! C'est lorsque la grande douleur est passée, quand l'extrême sensibilité est amortie, lorsqu'on est loin de la catastrophe, que l'ame est calme, qu'on se rappelle son bonheur éclipsé, qu'on est capable d'apprécier la perte qu'on a faite, que la mémoire se réunit à l'imagination, l'une pour retracer, l'autre pour exagérer la douceur d'un temps passé ; qu'on se possède et qu'on parle bien. On dit qu'on pleure, mais on ne

pleure pas lorsqu'on poursuit une épithète énergique qui se refuse; on dit qu'on pleure, mais on
ne pleure pas lorsqu'on s'occupe à rendre son
vers harmonieux : ou si les larmes coulent, la
plume tombe des mains, on se livre à son sentiment et l'on cesse de composer.

Mais il en est des plaisirs violens ainsi que des
peines profondes; ils sont muets. Un ami tendre
et sensible revoit un ami qu'il avait perdu par
une longue absence; celui-ci reparaît dans un moment inattendu, et aussitôt le cœur du premier
se trouble : il court, il embrasse, il veut parler;
il ne saurait : il bégaie des mots entrecoupés, il
ne sait ce qu'il dit, il n'entend rien de ce qu'on
lui répond; s'il pouvait s'apercevoir que son délire n'est pas partagé, combien il souffrirait! Ju-
gez, par la vérité de cette peinture, de la fausseté
de ces entrevucs théâtrales où deux amis ont tant
d'esprit et se possèdent si bien. Que ne vous dirai-je pas de ses insipides et éloquentes disputes
à qui mourra ou plutôt à qui ne mourra pas, si
ce texte, sur lequel je ne finirais point, ne nous
éloignait de notre sujet? C'en est assez pour les
gens d'un goût grand et vrai; ce que j'ajouterais
n'apprendrait rien aux autres. Mais qui est-ce qui
sauvera ces absurdités si communes au théâtre?
Le comédien, et quel comédien?

Il est mille circonstances pour une où la sensibilité est aussi nuisible dans la société que sur la scène. Voilà deux amans, ils ont l'un et l'autre une déclaration à faire. Quel est celui qui s'en tirera le mieux? Ce n'est pas moi. Je m'en souviens, je n'approchais de l'objet aimé qu'en tremblant; le cœur me battait, mes idées se brouillaient; ma voix s'embarrassait, j'estropiais tout ce que je disais; je répondais *non* quand il fallait répondre *oui;* je commettais mille gaucheries, des maladresses sans fin; j'étais ridicule de la tête aux pieds, je m'en apercevais, je n'en devenais que plus ridicule. Tandis que, sous mes yeux, un rival gai, plaisant et léger, se possédant, jouissant de lui-même, n'échappant aucune occasion de louer, et de louer finement, amusait, plaisait, était heureux; il sollicitait une main qu'on lui abandonnait, il s'en saisissait quelquefois sans l'avoir sollicitée, il la baisait, il la baisait encore, et moi retiré dans un coin, détournant mes regards d'un spectacle qui m'irritait, étouffant mes soupirs, faisant craquer mes doigts à force de serrer les poings, accablé de mélancolie, couvert d'une sueur froide, je ne pouvais ni montrer ni céler mon chagrin. On a dit que l'amour qui ôtait l'esprit à ceux qui en avaient, en donnait à ceux qui n'en avaient pas, c'est-à-dire, en autre français, qu'il rendait les uns sensibles et sots, et les autres froids et entreprenans.

L'homme sensible obéit aux impulsions de la nature et ne rend précisément que le cri de son cœur; au moment où il tempère ou force ce cri, ce n'est plus lui, c'est un comédien qui joue.

Le grand comédien observe les phénomènes; l'homme sensible lui sert de modèle, il le médite, et trouve de réflexion ce qu'il faut ajouter ou retrancher pour le mieux. Et puis des faits encore après des raisons.

A la première représentation d'*Inès de Castro*, à l'endroit où les enfans paraissent, le parterre se mit à rire; la Duclos, qui faisait Inès, indignée, dit au parterre : *Ris donc, sot parterre, au plus bel endroit de la pièce.* Le parterre l'entendit, se contint; l'actrice reprit son rôle, et ses larmes et celles du spectateur coulèrent. Quoi donc ! est-ce qu'on passe et repasse ainsi d'un sentiment profond à un sentiment profond, de la douleur à l'indignation, de l'indignation à la douleur? Je ne le conçois pas; mais ce que je conçois très-bien, c'est que l'indignation de la Duclos était réelle et sa douleur simulée.

Quinault du Frêne joue le rôle de Sévère dans *Polyeucte.* Il était envoyé par l'empereur Décius pour persécuter les chrétiens. Il confie ses sentimens secrets à son ami sur cette secte calomniée. Le sens commun exigeait que cette confidence, qui pouvait lui coûter la faveur du prince, sa di-

gnité, sa fortune, la liberté et peut-être la vie, se
fit à voix basse. Le parterre lui crie : *Plus haut.*
Il réplique au parterre : *Et vous, messieurs, plus
bas.* Est-ce que s'il eût été vraiment Sévère, il fût
redevenu si prestement Quinault? Non, vous dis-
je, non. Il n'y a que l'homme qui se possède
comme sans doute il se possédait, l'acteur rare,
le comédien par excellence, qui puisse ainsi déposer et reprendre son masque.

Le Kain-Ninias descend dans le tombeau de son
père, il y égorge sa mère; il en sort les mains san-
glantes. Il est rempli d'horreur, ses membres tres-
saillent, ses yeux sont égarés, ses cheveux sem-
blent se hérisser sur sa tête. Vous sentez frissonner les vôtres, la terreur vous saisit, vous êtes
aussi éperdu que lui. Cependant Le Kain-Ninias
pousse du pied vers la coulisse une pendeloque
de diamans qui s'était détachée de l'oreille d'une
actrice. Et cet acteur-là sent? Cela ne se peut.
Direz-vous qu'il est mauvais acteur? Je n'en crois
rien. Qu'est-ce donc que Le Kain-Ninias ? C'est un
homme froid qui ne sent rien, mais qui figure supérieurement la sensibilité. Il a beau s'écrier : *Où
suis-je ?* Je lui réponds : Où tu es? Tu le sais bien :
tu es sur des planches, et tu pousses du pied une
pendeloque vers la coulisse.

Un acteur est pris de passion pour une actrice;
une pièce les met par hasard en scène dans un

moment de jalousie. La scène y gagnera, si l'acteur est médiocre; elle y perdra s'il est comédien;
alors le grand comédien devient lui et n'est plus
le modèle idéal et sublime qu'il s'est fait d'un jaloux. Une preuve qu'alors l'acteur et l'actrice se
rabaissent l'un et l'autre à la vie commune, c'est
que s'ils gardaient leurs échasses ils se riraient au
nez; la jalousie ampoulée et tragique ne leur sem-
blerait souvent qu'une parade de la leur.

LE SECOND.

Cependant il y aura des vérités de nature.

LE PREMIER.

Comme il y en a dans la statue du sculpteur
qui a rendu fidèlement un mauvais modèle. On
admire ces vérités, mais on trouve le tout pauvre
et méprisable.

Je dis plus : un moyen sûr de jouer petitement,
mesquinement, c'est d'avoir à jouer son propre
caractère. Vous êtes un tartuffe, un avare, un misanthrope, vous le jouerez bien; mais vous ne ferez
rien de ce que le poète a fait; car il a fait, lui, le
Tartuffe, l'Avare et le Misanthrope.

LE SECOND.

Quelle différence mettez-vous donc entre un
tartuffe et le Tartuffe?

LE PREMIER.

Le commis Billard est un tartuffe, l'abbé Grizel
est un tartuffe, mais il n'est pas le Tartuffe. Le

financier Toinard était un avare, mais il n'était pas l'Avare. L'Avare et le Tartuffe ont été faits d'après tous les Toinards et tous les Grizels du monde; ce sont leurs traits les plus généraux et les plus marqués, et ce n'est le portrait exact d'aucun; aussi personne ne s'y reconnaît-il.

Les comédies de verve et même de caractère sont exagérées. La plaisanterie de société est une mousse légère qui s'évapore sur la scène; la plaisanterie de théâtre est une arme tranchante qui blesserait dans la société. On n'a pas pour des êtres imaginaires le ménagement qu'on doit à des êtres réels.

La satire est d'un tartuffe et la comédie est du Tartuffe. La satire poursuit un vicieux, la comédie poursuit un vice. S'il n'y avait eu qu'une ou deux Précieuses ridicules, on en aurait pu faire une satire, mais non pas une comédie.

Allez-vous-en chez La Grenée, demandez-lui la *Peinture*, et il croira avoir satisfait à votre demande, lorsqu'il aura placé sur sa toile une femme devant un chevalet, la palette passée dans le pouce et le pinceau à la main. Demandez-lui la *Philosophie*, et il croira l'avoir faite, lorsque, devant un bureau, la nuit, à la lueur d'une lampe, il aura appuyé sur le coude une femme en négligé, échevelée et pensive, qui lit ou qui médite. Demandez-lui la *Poésie*, et il peindra la même femme dont il ceindra la tête d'un laurier, et à la main de laquelle il placera un rouleau. La *Musique*, ce sera encore la même femme avec une lyre au lieu de rouleau. Demandez-lui la *Beauté,* demandez même cette figure à un plus habile que lui, ou je me trompe fort, ou ce dernier se persuadera que vous n'exigez de son art que la figure d'une belle femme. Votre acteur et ce peintre tombent tous deux dans un même défaut, et je leur dirai : Votre tableau, votre jeu, ne sont que des portraits d'individus fort au-dessous de l'idée générale que le poète a tracée, et du modèle idéal dont je me promettais la copie. Votre voisine est belle, très-belle; d'accord : mais ce n'est pas la Beauté. Il y a aussi loin de votre ouvrage à votre modèle que de votre modèle à l'idéal.

LE SECOND.

Mais ce modèle idéal ne serait-il pas une chimère?

LE PREMIER.

Non.

LE SECOND.

Mais puisqu'il est idéal, il n'existe pas : or, il n'y a rien dans l'entendement qui n'ait été dans la sensation.

LE PREMIER.

Il est vrai. Mais prenons un art à son origine, la sculpture, par exemple. Elle copia le premier modèle qui se présenta. Elle vit ensuite qu'il y avait des modèles moins imparfaits qu'elle préféra. Elle corrigea les défauts grossiers de ceux-ci, puis les défauts moins grossiers, jusqu'à ce que, par une longue suite de travaux, elle atteignît une figure qui n'était plus la nature.

LE SECOND.

Et pourquoi?

LE PREMIER.

C'est qu'il est impossible que le développement d'une machine aussi compliquée qu'un corps animal soit régulier. Allez aux Tuileries ou aux Champs-Élisées un beau jour de fête; considérez toutes les femmes qui rempliront les allées, et vous n'en trouverez pas une seule qui ait les deux coins de la bouche parfaitement semblables. La Danaë du Titien est un portrait; l'Amour, placé au pied de sa couche, est idéal. Dans un tableau de Raphaël, qui a passé de la galerie de M. de Thiers dans celle de Catherine II, le saint Joseph est une nature commune; la Vierge est une belle femme réelle; l'enfant Jésus est idéal. Mais si vous en voulez savoir davantage sur ces principes spéculatifs de l'art, je vous communiquerai mes Salons.

LE SECOND.

J'en ai entendu parler avec éloge par un homme d'un goût fin et d'un esprit délicat.

LE PREMIER.

M. Suard.

LE SECOND.

Et par une femme qui possède tout ce que la pureté d'une ame angélique ajoute à la finesse du goût.

LE PREMIER.

Madame Necker.

LE SECOND.

Mais rentrons dans notre sujet.

LE PREMIER.

J'y consens, quoique j'aime mieux louer la vertu que de discuter des questions assez oiseuses.

LE SECOND.

Quinault du Frêne, glorieux de caractère, jouait merveilleusement le Glorieux.

LE PREMIER.

Il est vrai; mais d'où savez-vous qu'il se jouât lui-même? ou pourquoi la nature n'en aurait pas fait un glorieux très-approché de la limite qui sé-pare le beau réel du beau idéal, limite sur la-quelle se jouent les différentes écoles.

LE SECOND.

Je ne vous entends pas.

LE PREMIER.

Je suis plus clair dans mes Salons, où je vous conseille de lire le morceau sur la Beauté en gé-néral. En attendant, dites-moi, Quinault du Frêne

4

est-il Orosmane? Non. Cependant, qui est-ce qui l'a remplacé et le remplacera dans ce rôle? Était-il l'homme du Préjugé à la mode? Non. Cependant avec quelle vérité ne le jouait-il pas?

LE SECOND.

A vous entendre, le grand comédien est tout et n'est rien.

LE PREMIER.

Et peut-être est-ce parce qu'il n'est rien qu'il est tout par excellence, sa forme particulière ne contrariant jamais les formes étrangères qu'il doit prendre.

Entre tous ceux qui ont exercé l'utile et belle profession de comédiens ou de prédicateurs laïques, un des hommes les plus honnêtes, un des hommes qui en avaient le plus la physionomie, le ton et le maintien, le frère du *Diable boiteux*, de *Gilblas*, du *Bachelier de Salamanque*, Mont-mesnil....

LE SECOND.

Le fils de Le Sage, père commun de toute cette plaisante famille.

LE PREMIER.

Faisait avec un égal succès Ariste dans *la Pupille*, Tartuffe dans la comédie de ce nom, Mascarille dans *les Fourberies de Scapin*, l'Avocat ou M. Guillaume dans la farce de *Patelin*.

LE SECOND.

Je l'ai vu.

LE PREMIER.

Et à votre grand étonnement, il avait le masque de ces différens visages. Ce n'était pas naturellement, car Nature ne lui avait donné que le sien; il tenait donc les autres de l'art.

Est-ce qu'il y a une sensibilité artificielle ? Mais soit factice, soit innée, la sensibilité n'a pas lieu dans tous les rôles. Quelle est donc la qualité acquise ou naturelle qui constitue le grand acteur dans l'Avare, le Joueur, le Flatteur, le Grondeur, le Médecin malgré lui, l'être le moins sensible et le plus immoral que la poésie ait encore imaginé, le Bourgeois Gentilhomme, le Malade et le Cocu imaginaire; dans Néron, Mithridate, Atrée, Phocas, Sertorius, et tant d'autres caractères tragiques ou comiques, où la sensibilité est diamétralement opposée à l'esprit du rôle? La facilité de connaître et de copier toutes les natures. Croyez-moi, ne multiplions pas les causes lorsqu'une suffit à tous les phénomènes.

Tantôt le poète a senti plus fortement que le comédien, tantôt, et plus souvent peut-être, le comédien a conçu plus fortement que le poète; et rien n'est plus dans la vérité que cette exclamation de Voltaire, entendant la Clairon dans une de ses pièces : *Est-ce bien moi qui ai fait cela?*

Est-ce que la Clairon en sait plus que Voltaire?
Dans ce moment du moins son modèle idéal, en
déclamant, était bien au-delà du modèle idéal que
le poète s'était fait en écrivant. Mais ce modèle
idéal n'était pas elle. Quel était donc son talent?
Celui d'imaginer un grand fantôme et de le copier
de génie. Elle imitait le mouvement, les actions,
les gestes, toute l'expression d'un être fort au-dessus d'elle. Elle avait trouvé ce qu'Eschine, réci-
tant une oraison de Démosthène ne put jamais
rendre, le mugissement de la bête. Il disait à ses
disciples : Si cela vous affecte si fort, qu'aurait-ce
donc été, *si audivissetis bestiam mugientem?* Le
poète avait engendré l'animal terrible, la Clairon
le faisait mugir.

Ce serait un singulier abus des mots que d'appeler sensibilité cette facilité de rendre toutes natures, même les natures féroces. La sensibilité,
selon la seule acception qu'on ait donnée jusqu'à
présent à ce terme, est, ce me semble, cette dis-
position compagne de la faiblesse des organes,
suite de la mobilité du diaphragme, de la vivacité
de l'imagination, de la délicatesse des nerfs, qui
incline à compatir, à frissonner, à admirer, à
craindre, à se troubler, à pleurer, à s'évanouir, à
secourir, à fuir, à crier, à perdre la raison, à
exagérer, à mépriser, à dédaigner, à n'avoir aucune idée précise du vrai, du bon et du beau, à

être injuste, à être fou. Multipliez les ames sensibles, et vous multiplierez en même proportion
les bonnes et les mauvaises actions en tout genre,
les éloges et les blâmes outrés.

Poètes, travaillez-vous pour une nation délicate,
vaporeuse et sensible, renfermez-vous dans les
harmonieuses, tendres et touchantes élégies de
Racine ; elle se sauverait des boucheries de Shakspeare : ces ames faibles sont incapables de sup-
porter des secousses violentes. Gardez-vous bien
de leur présenter des images trop fortes. Montrez-
leur, si vous voulez,

> Le fils tout dégoûtant du meurtre de son père
> Et sa tête à la main demandant son salaire,

mais n'allez pas au-delà. Si vous osiez leur dire
avec Homère : « Où vas-tu, malheureux ? Tu ne sais
« donc pas que c'est à moi que le ciel envoie les
« enfans des pères infortunés ; tu ne recevras point
« les derniers embrassemens de ta mère ; déjà je
« te vois étendu sur la terre, déjà je vois les oi-
« seaux de proie, rassemblés autour de ton ca-
« davre, t'arracher les yeux de la tête en battant
« les ailes de joie ; » toutes nos femmes s'écrieraient
en détournant la tête : Ah ! l'horreur !..... Ce serait
bien pis si ce discours, prononcé par un grand
comédien, était encore fortifié de sa véritable déclamation.

LE SECOND.

Je suis tenté de vous interrompre pour vous demander ce que vous pensez de ce vase présenté à
Gabrielle de Vergy, qui y voit le cœur sanglant
de son amant.

LE PREMIER.

Je vous répondrai qu'il faut être conséquent,
et que, quand on se révolte contre ce spectacle,
il ne faut pas souffrir qu'Œdipe se montre avec
ses yeux crevés, et qu'il faut chasser de la scène
Philoctète tourmenté de sa blessure, et exhalant
sa douleur par des cris inarticulés. Les anciens
avaient, ce me semble, une autre idée de la tragédie que nous, et ces anciens-là, c'étaient les
Grecs, c'étaient les Athéniens, ce peuple si délicat, qui nous a laissé en tout genre des modèles
que les autres nations n'ont point encore égalés.
Eschile, Sophocle, Euripide, ne veillaient pas des
années entières pour ne produire que de ces petites impressions passagères qui se dissipent dans
la gaieté d'un souper. Ils voulaient profondément
attrister sur le sort des malheureux ; ils voulaient,
non pas amuser seulement leurs concitoyens,
mais les rendre meilleurs. Avaient-ils tort ? avaient-
ils raison ? Pour cet effet, ils faisaient courir sur
la scène les Euménides suivant la trace du parri-
cide, et conduites par la vapeur du sang qui frap-
pait leur odorat. Ils avaient trop de jugement

pour applaudir à ces imbroglios, à ces escamo-
tages de poignards, qui ne sont bons que pour
des enfans. Une tragédie n'est, selon moi, qu'une
belle page historique qui se partage en un certain
nombre de repos marqués. On attend le shérif. Il
arrive. Il interroge le seigneur du village. Il lui
propose d'apostasier. Celui-ci s'y refuse. Il le condamne à mort. Il l'envoie dans les prisons. La fille
vient demander la grace de son père. Le shérif la
lui accorde à une condition révoltante. Le seigneur du village est mis à mort. Les habitans
poursuivent le shérif. Il fuit devant eux. L'amant
de la fille du seigneur l'étend mort d'un coup de
poignard; et l'atroce intolérant meurt au milieu
des imprécations. Il n'en faut pas davantage à un
poète pour composer un grand ouvrage. Que la
fille aille interroger sa mère sur son tombeau,
pour en apprendre ce qu'elle doit à celui qui lui
a donné la vie. Qu'elle soit incertaine sur le sacrifice de l'honneur que l'on exige d'elle. Que, dans
cette incertitude, elle tienne son amant loin
d'elle, et se refuse aux discours de sa passion.
Qu'elle obtienne la permission de voir son père
dans les prisons. Que son père veuille l'unir à son
amant, et qu'elle n'y consente pas. Qu'elle se prostitue. Que, tandis qu'elle se prostitue, son père
soit mis à mort. Que vous ignoriez sa prostitu-
tion jusqu'au moment où son amant, la trouvant

désolée de la mort de son père qu'il lui apprend,
il en apprend le sacrifice qu'elle a fait pour le sauver. Qu'alors le shérif, poursuivi par le peuple,
arrive, et qu'il soit massacré par l'amant. Voilà
une partie des détails d'un pareil sujet.

LE SECOND.

Une partie !

LE PREMIER.

Oui, une partie. Est-ce que les jeunes amans
ne proposeront pas au seigneur du village de se
sauver? Est-ce que les habitans ne lui proposeront pas d'exterminer le shérif et ses satellites?
Est-ce qu'il n'y aura pas un prêtre défenseur de
la tolérance? Est-ce qu'au milieu de cette journée
de douleur, l'amant restera oisif? Est-ce qu'il n'y
a pas des liaisons à supposer entre ces personnages? Est-ce qu'il n'y a aucun parti à tirer de
ces liaisons? Est-ce qu'il ne peut pas, ce shérif,
avoir été l'amant de la fille du seigneur du village? Est-ce qu'il ne revient pas l'ame pleine de
vengeance, et contre le père qui l'aura chassé du
bourg, et contre la fille qui l'aura dédaigné? Que
d'incidens importans on peut tirer du sujet le plus
simple quand on a la patience de le méditer!
Quelle couleur ne peut-on pas leur donner quand
on est éloquent ! On n'est point poète dramatique sans être éloquent. Et croyez-vous que je
manquerai de spectacle? Cet interrogatoire, il se

fera dans tout son appareil. Laissez-moi disposer de mon local, et mettons fin à cet écart.

Je te prends à témoin, Roscius anglais, célèbre Garrick, toi qui, du consentement unanime de toutes les nations subsistantes, passes pour le premier comédien qu'elles aient connu, rends hommage à la vérité ! Ne m'as-tu pas dit que, quoique te sentisses fortement, ton action serait faible, si, quelle que fût la passion ou le caractère que tu avais à rendre, tu ne savais t'élever par la pensée à la grandeur d'un fantôme homérique auquel tu cherchais à t'identifier ? Lorsque je t'objectai que ce n'était donc pas d'après toi que tu jouais, confesse ta réponse : ne m'avouas-tu pas que tu t'en gardais bien, et que tu ne paraissais si étonnant sur la scène, que parce que tu montrais sans cesse au spectacle un être d'imagination qui n'était pas toi.

LE SECOND.

L'ame d'un grand comédien a été formée de l'élément subtil dont notre philosophe remplissait l'espace qui n'est ni froid, ni chaud, ni pesant, ni léger, qui n'affecte aucune forme déterminée, et qui, également susceptible de toutes, n'en conserve aucune.

LE PREMIER.

Un grand comédien, n'est ni un piano-forté, ni une harpe, ni un clavecin, ni un violon, ni une violoncelle; il n'a point d'accord qui lui soit propre; mais il prend l'accord et le ton qui conviennent à sa partie, et il sait se prêter à toutes. J'ai une haute idée du talent d'un grand comédien : cet homme est rare, aussi rare et peut-être plus que le grand poète.

Celui qui dans la société se propose, et a le malheureux talent de plaire à tous, n'est rien, n'a rien qui lui appartienne, qui le distingue, qui engoue les uns et qui fatigue les autres. Il parle toujours, et toujours bien; c'est un adulateur de profession, c'est un grand courtisan, c'est un grand comédien.

LE SECOND.

Un grand courtisan, accoutumé, depuis qu'il respire, au rôle d'un pantin merveilleux, prend toutes sortes de formes, au gré de la ficelle qui est entre les mains de son maître.

LE PREMIER.

Un grand comédien est un autre pantin merveilleux dont le poète tient la ficelle, et auquel il indique à chaque ligne la véritable forme qu'il doit prendre.

LE SECOND.

Ainsi un courtisan, un comédien, qui ne peuvent prendre qu'une forme, quelque belle, quelque intéressante qu'elle soit, ne sont que deux mauvais pantins ?

LÉ PREMIER.

Mon dessein n'est pas de calomnier une profession que j'aime et que j'estime; je parle de celle
du comédien. Je serais désolé que mes observa-
tions, mal interprétées, attachassent l'ombre du
mépris à des hommes d'un talent rare et d'une
utilité réelle, aux fléaux du ridicule et du vice,
aux prédicateurs les plus éloquens de l'honnêteté
et des vertus, à la verge dont l'homme de génie
se sert pour châtier les méchans et les fous. Mais
tournez les yeux autour de vous, et vous verrez
que les personnes d'une gaieté continue n'ont ni
de grands défauts, ni de grandes qualités; que
communément les plaisans de profession sont des
hommes frivoles, sans aucun principe solide; et
que ceux qui, semblables à certains personnages
qui circulent dans nos sociétés, n'ont aucun caractère, excellent à les jouer tous.

Un comédien n'a-t-il pas un père, une mère,
une femme, des enfans, des frères, des sœurs,
des connaissances, des amis, une maîtresse? S'il
était doué de cette exquise sensibilité, qu'on regarde comme la qualité principale de son état,
poursuivi comme nous et atteint d'une infinité de
peines qui se succèdent, et qui tantôt flétrissent
nos ames et tantôt les déchirent, combien lui res-
terait-il de jours à donner à notre amusement?
Très-peu. Le gentilhomme de la chambre inter-

poserait vainement sa souveraineté, le comédien serait souvent dans le cas de lui répondre : « Monseigneur, je ne saurais rire aujourd'hui, ou c'est d'autre chose que des soucis d'Agamemnon que je veux pleurer. » Cependant on ne s'aperçoit pas que les chagrins de la vie, aussi fréquens pour eux que pour nous, et beaucoup plus contraires au libre exercice de leurs fonctions, les suspendent souvent.

Dans le monde, lorsqu'ils ne sont pas bouffons, je les trouve polis, caustiques et froids; fastueux, dissipés, dissipateurs, intéressés, plus frappés de nos ridicules que touchés de nos maux; d'un esprit assez rassis au spectacle d'un événement fâcheux, ou au récit d'une aventure pathétique; isolés, vagabonds, à l'ordre des grands; peu de mœurs, point d'amis, presque aucune de ces liaisons saintes et douces, qui nous associent aux peines et aux plaisirs d'un autre qui partage les nôtres. J'ai souvent vu rire un comédien hors de la scène, je n'ai pas mémoire d'en avoir jamais vu pleurer un. Cette sensibilité qu'ils s'arrogent et qu'on leur alloue, qu'en font-ils donc? La laissent-ils sur les planches, quand ils en descendent, pour la reprendre quand ils y remontent?

Qu'est-ce qui leur chausse le socque ou le cothurne? Le défaut d'éducation, la misère et le libertinage. Le théâtre est une ressource, jamais un choix. Jamais on ne se fit comédien par goût pour la vertu, par le désir d'être utile dans la société et de servir son pays ou sa famille, par aucun des motifs honnêtes qui pourraient entraîner un esprit droit, un cœur chaud, une ame sensible vers une aussi belle profession.

Moi-même, jeune, je balançai entre la Sorbonne et la Comédie. J'allais, en hiver, par la saison la plus rigoureuse, réciter à haute voix des rôles de Molière et de Corneille dans les allées solitaires du Luxembourg. Quel était mon projet? d'être applaudi? Peut-être. De vivre familièrement avec les femmes de théâtre que je trouvais infiniment aimables et que je savais très-faciles? Assurément. Je ne sais ce que je n'aurais pas fait pour plaire à la Gaussin, qui débutait alors et qui était la beauté personnifiée; à la Dangeville, qui avait tant d'attraits sur la scène.

On a dit que les comédiens n'avaient aucun caractère, parce qu'en les jouant tous, ils perdaient celui que la nature leur avait donné, et qu'ils devenaient faux, comme le médecin, le chirurgien et le boucher deviennent durs. Je crois qu'on a pris la cause pour l'effet, et qu'ils ne sont propres à les jouer tous que parce qu'ils n'en ont point.

LE SECOND.

On ne devient point cruel, parce qu'on est

bourreau; mais on se fait bourreau, parce qu'on est cruel.

J'ai beau examiner ces hommes-là. Je n'y vois rien qui les distingue du reste des citoyens, si ce n'est une vanité qu'on pourrait appeler insolence, une jalousie qui remplit de troubles et de haines leur comité. Entre toutes les associations, il n'y en a peut-être aucune où l'intérêt commun de tous et celui du public soient plus constamment et plus évidemment sacrifiés à de misérables petites prétentions. L'envie est encore pire entre eux qu'entre les auteurs; c'est beaucoup dire, mais cela est vrai. Un poète pardonne plus aisément à un poète le succès d'une pièce, qu'une actrice ne pardonne à une actrice les applaudissemens qui la désignent à quelque illustre ou riche débauché. Vous les voyez grands sur la scène, parce qu'ils ont de l'ame, dites-vous; moi, je les vois petits et bas dans la société, parce qu'ils n'en ont point : avec les propos et le ton de Camille et du vieil Horace, toujours les mœurs de Frosine et de Sganarelle. Or, pour juger le fond du cœur, faut-il que je m'en rapporte à des discours d'emprunt, que l'on sait rendre merveilleusement, ou à la nature des acteurs et à la teneur de la vie?

Mais jadis Molière, les Quinault, Montmesnil,

mais aujourd'hui Brizard et Caillot qui est également bien venu chez les grands et chez les petits,
à qui vous confieriez sans crainte votre secret et
votre bourse, et avec lequel vous croiriez l'honneur de votre femme et l'innocence de votre fille
beaucoup plus en sûreté qu'avec tel grand seigneur de la cour ou tel respectable ministre de
nos autels.....

LE PREMIER.

L'éloge n'est pas exagéré : ce qui me fâche, c'est
de ne pas entendre citer un plus grand nombre
de comédiens qui l'aient mérité ou qui le méritent.
Ce qui me fâche, c'est qu'entre ces propriétaires,
par état, d'une qualité, la source précieuse et
féconde de tant d'autres, un comédien galant
homme, une actrice honnête femme soient des
phénomènes si rares.

Concluons de là qu'il est faux qu'ils en aient
le privilège spécial, et que la sensibilité qui les
dominerait dans le monde comme sur la scène,
s'ils en étaient doués, n'est ni la base de leur caractère ni la raison de leurs succès; qu'elle ne
leur appartient ni plus ni moins qu'à telle ou telle
autre condition de la société, et que si l'on voit
si peu de grands comédiens, c'est que les parens
ne destinent point leurs enfans au théâtre; c'est
qu'on ne s'y prépare point par une éducation
commencée dans la jeunesse; c'est qu'une troupe

de comédiens n'est point, comme elle devrait l'être chez un peuple où l'on attacherait à la fonction de parler aux hommes rassemblés pour être instruits, amusés, corrigés, l'importance, les honneurs, les récompenses qu'elle mérite, une corporation formée, comme toutes les autres communautés, de sujets tirés de toutes les familles de la société et conduits sur la scène comme au service, au Palais, à l'Église, par choix ou par goût et du consentement de leurs tuteurs naturels.

LE SECOND.

L'avilissement des comédiens modernes est, ce me semble, un malheureux héritage que leur ont laissé les comédiens anciens.

LE PREMIER.

Je le crois.

LE SECOND.

Si le spectacle naissait aujourd'hui qu'on a des idées plus justes des choses, peut-être que... Mais vous ne m'écoutez pas. A quoi rêvez-vous?

LE PREMIER.

Je suis ma première idée, et je pense à l'influence du spectacle sur le bon goût et sur les mœurs, si les comédiens étaient gens de bien et si leur profession était honorée. Où est le poète qui osât proposer à des hommes bien nés de répéter publiquement des discours plats ou grossiers; à des femmes à peu près sages comme les

nôtres, de débiter effrontément devant une multitude d'auditeurs des propos qu'elles rougiraient
d'entendre dans le secret de leurs foyers? Bientôt
nos auteurs dramatiques atteindraient à une pureté, une délicatesse, une élégance dont ils sont
plus loin encore qu'ils ne le soupçonnent. Or,
doutez-vous que l'esprit national ne s'en res-
sentît?

LE SECOND.

On pourrait vous objecter peut-être que les
pièces, tant anciennes que modernes, que vos
comédiens honnêtes exclueraient de leur réper-
toire, sont précisément celles que nous jouons en
société.

LE PREMIER.

Et qu'importe que nos citoyens se rabaissent à
la condition des plus vils historiens? en serait-il
moins utile, en serait-il moins à souhaiter que
nos comédiens s'élevassent à la condition des
plus honnêtes citoyens?

LE SECOND.

La métamorphose n'est pas aisée.

LE PREMIER.

Lorsque je donnai *le Père de Famille* le magistrat de la police m'exhorta à suivre ce genre.

LE SECOND.

Pourquoi ne le fîtes-vous pas?

LE PREMIER.

C'est que n'ayant pas obtenu le succès que je
m'en étais promis, et ne me flattant pas de faire
beaucoup mieux, je me dégoûtai d'une carrière
pour laquelle je ne me crus pas assez de talent.

LE SECOND.

Et pourquoi cette pièce qui remplit aujourd'hui
la salle de spectateurs avant quatre heures et demie, et que les Comédiens affichent toutes les fois
qu'ils ont besoin d'un millier d'écus, fut-elle si
tièdement accueillie dans le commencement?

LE PREMIER.

Quelques-uns disaient que nos mœurs étaient
trop factices pour s'accommoder d'un genre aussi
simple, trop corrompues pour goûter un genre
aussi sage.

LE SECOND.

Cela n'était pas sans vraisemblance.

LE PREMIER.

Mais l'expérience a bien démontré que cela n'é-
tait pas vrai, car nous ne sommes pas devenus
meilleurs. D'ailleurs le vrai, l'honnête a tant d'as-
cendant sur nous, que si l'ouvrage d'un poëte a
ces deux caractères et que l'auteur ait du génie,
son succès n'en sera que plus assuré. C'est surtout lorsque tout est faux qu'on aime le vrai, c'est
surtout lorsque tout est corrompu, que le spectacle
est le plus épuré. Le citoyen qui se présente à

l'entrée de la Comédie y laisse tous ses vices pour
ne les reprendre qu'en sortant. Là il est juste,
impartial, bon père, bon ami, ami de la vertu; et
j'ai vu souvent à côté de moi des méchans profondément indignés contre des actions qu'ils n'au-
raient pas manqué de commettre s'ils s'étaient
trouvés dans les mêmes circonstances où le poète
avait placé le personnage qu'ils abhorraient. Si je
ne réussis pas d'abord, c'est que le genre était
étranger aux spectateurs et aux acteurs, c'est qu'il
y avait un préjugé établi et qui subsiste encore
contre ce qu'on appelle la comédie larmoyante;
c'est que j'avais une nuée d'ennemis à la cour, à
la ville, parmi les magistrats, parmi les gens d'é-
glise, parmi les hommes de lettres.

LE SECOND.

Et comment aviez-vous encouru tant de
haines?

LE PREMIER.

Ma foi, je n'en sais rien, car je n'ai jamais fait
de satire ni contre les grands ni contre les petits,
et je n'ai croisé personne sur le chemin de la fortune et des honneurs. Il est vrai que j'étais du
nombre de ceux qu'on appelle philosophes, qu'on
regardait alors comme des citoyens dangereux, et
contre lesquels le ministère avait lâché deux ou
trois scélérats subalternes, sans vertu, sans lu-
mières, et qui pis est sans talent. Mais laissons cela.

LE SECOND.

Sans compter que ces philosophes avaient rendu la tâche des poètes et des littérateurs en général plus difficile. Il ne s'agissait plus, pour s'illustrer, de savoir tourner un madrigal ou un couplet ordurier.

LE PREMIER.

Cela se peut. Un jeune dissolu, au lieu de se rendre avec assiduité dans l'atelier du peintre, du sculpteur, de l'artiste qui l'a adopté, a perdu les années les plus précieuses de sa vie, et il est resté à vingt ans sans ressources et sans talent. Que voulez-vous qu'il devienne? Soldat ou comédien. Le voilà donc enrôlé dans une troupe de campagne. Il rode jusqu'à ce qu'il puisse se promettre un début dans la capitale. Une malheureuse créature a croupi dans la fange de la débauche; lasse de l'état le plus abject, celui de basse courtisane, elle apprend par cœur quelques rôles, elle se rend un matin chez la Clairon, comme l'esclave ancien chez l'édile ou le préteur. Celle-ci la prend par la main, lui fait faire une pirouette, la touche de sa baguette, et lui dit : Va faire rire ou pleurer les badauds.

Ils sont excommuniés. Ce public qui ne peut s'en passer les méprise. Ce sont des esclaves sans cesse sous la verge d'un autre esclave. Croyez-vous que les marques d'un avilissement aussi

continu puissent rester sans effet , et que sous le
fardeau de l'ignominie, une ame soit assez ferme
pour se tenir à la hauteur de Corneille?

Ce despotisme que l'on exerce sur eux, ils
l'exercent sur les auteurs, et je ne sais quel est le
plus vil ou du comédien insolent ou de l'auteur
qui le souffre.

LE SECOND.

On veut être joué.

LE PREMIER.

A quelque condition que ce soit. Ils sont tous
las de leur métier. Donnez votre argent à la porte,
et ils se lasseront de votre présence et de vos applaudissemens. Suffisamment rentés par les petites loges , ils ont été sur le point de décider ou
que l'auteur renoncerait à son honoraire, ou que
sa pièce ne serait pas acceptée.

LE SECOND.

Mais ce projet n'allait à rien moins qu'à éteindre
le genre dramatique.

LE PREMIER.

Qu'est-ce que cela leur fait?

LE SECOND.

Je pense qu'il vous reste peu de chose à dire.

LE PREMIER.

Vous vous trompez. Il faut que je vous prenne
par la main et que je vous introduise chez la
Clairon , cette incomparable magicienne.

LE SECOND.

Celle-là du moins était fière de son état.

LE PREMIER.

Comme le seront toutes qui ont excellé. Le théâtre n'est méprisé que par ceux d'entre les acteurs que les sifflets en ont chassés. Il faut que je vous montre la Clairon dans les transports réels de sa colère. Si par hasard elle y conservait son maintien, ses accens, son action théâtrale avec tout son apprêt, avec toute son emphase, ne porteriez - vous pas vos mains sur vos côtés, et pourriez-vous contenir vos éclats? Que m'apprenez-vous donc alors? Ne prononcez-vous pas nettement que la sensibilité vraie et la sensibilité jouée sont deux choses fort différentes? Vous riez de ce que vous auriez admiré au théâtre! et pourquoi cela, s'il vous plaît? C'est que la colère réelle de la Clairon ressemble à de la colère simulée, et que vous avez le discernement juste du masque de cette passion et de sa personne. Les images des passions au théâtre n'en sont donc pas les vraies images, ce n'en sont donc que des portraits outrés, que de grandes caricatures assujetties à des règles de convention. Or, interrogez-vous, demandez-vous à vous-même quel artiste se renfermera le plus strictement dans ces règles données? Quel est le comédien qui saisira le mieux cette bouffisure prescrite, ou de l'homme dominé par son propre caractère, ou de l'homme né sans caractère, ou de l'homme qui s'en dépouille pour se revêtir d'un autre plus grand, plus noble, plus violent, plus élevé? On est soi de nature; on est un autre d'imitation; le cœur qu'on se suppose n'est pas le cœur qu'on a. Qu'est-ce donc que le vrai talent? Celui de bien connaître les symptômes extérieurs de l'ame d'emprunt, de s'adresser à la sensation de ceux qui nous entendent, qui nous voient, et de les tromper par l'imitation de ces symptômes, par une imitation qui agrandisse tout dans leurs têtes et qui devienne la règle de leur jugement; car il est impossible d'apprécier autrement ce qui se passe au-dedans de nous. Et que nous importe en effet qu'ils sentent ou qu'ils ne sentent pas, pourvu que nous l'ignorions?

Celui donc qui connaît le mieux et qui rend le plus parfaitement ces signes extérieurs d'après le modèle idéal le mieux conçu est le plus grand comédien.

LE SECOND.

Celui qui laisse le moins à imaginer au grand comédien est le plus grand des poètes.

LE PREMIER.

J'allais le dire. Lorsque, par une longue habitude du théâtre, on garde dans la société l'emphase théâtrale et qu'on y promène Brutus, Cinna,

Mithridate, Cornélie, Mérope, Pompée, savez-vous ce qu'on fait? On accouple à une ame petite ou grande, de la mesure précise que Nature l'a donnée, les signes extérieurs d'une ame exagérée et gigantesque qu'on n'a pas; et de là naît le ridicule.

LE SECOND.

La cruelle satire que vous faites là, innocemment ou malignement, des acteurs et des auteurs!

LE PREMIER.

Comment cela?

LE SECOND.

Il est, je crois, permis à tout le monde d'avoir une ame forte et grande; il est, je crois, permis d'avoir le maintien, le propos et l'action de son ame, et je crois que l'image de la véritable grandeur ne peut jamais être ridicule.

LE PREMIER.

Que s'en suit-il de là?

LE SECOND.

Ah, traître! vous n'osez le dire, et il faudra que j'encoure l'indignation générale pour vous. C'est que la vraie tragédie est encore à trouver, et qu'avec leurs défauts les anciens en étaient peut-être plus voisins que nous.

LE PREMIER.

Il est vrai que je suis enchanté d'entendre Philoctète dire si simplement et si fortement à Néop-

tolème, qui lui rend les flèches d'Hercule qu'il lui
avait volées à l'instigation d'Ulysse : « Vois quelle
« action tu avais commise : s'en t'en apercevoir, tu
« condamnais un malheureux à périr de douleur
« et de faim. Ton vol est le crime d'un autre, ton
« repentir est à toi. Non, jamais tu n'aurais pensé
« à commettre une pareille indignité si tu avais
« été seul. Conçois donc, mon enfant, combien
« il importe à ton âge de ne fréquenter que d'hon-
« nêtes gens. Voilà ce que tu avais à gagner dans
« la société d'un scélérat. Et pourquoi t'associer
« aussi à un homme de ce caractère? Était-ce là
« celui que ton père aurait choisi pour son com-
« pagnon et pour son ami? Ce digne père qui ne
« se laissa jamais approcher que des plus distin-
« gués personnages de l'armée, que te dirait-il,
« s'il te voyait avec un Ulysse?... » Y a-t-il dans ce
discours autre chose que ce que vous adresseriez
à mon fils, que ce que je dirais au vôtre?

LE SECOND.

Non.

LE PREMIER.

Cependant cela est beau.

LE SECOND.

Assurément.

LE PREMIER.

Et le ton de ce discours prononcé sur la scène

différerait-il du ton dont on le prononcerait dans la société ?

LE SECOND.

Je ne le crois pas.

LE PREMIER.

Et ce ton dans la société, y serait-il ridicule ?

LE SECOND.

Nullement.

LE PREMIER.

Plus les actions sont fortes et les propos simples, plus j'admire. Je crains bien que nous n'ayons pris cent ans de suite la rodomontale de Madrid pour l'héroïsme de Rome, et brouillé le ton de la muse tragique avec le langage de la muse épique.

LE SECOND.

Notre vers alexandrin est trop nombreux et trop noble pour le dialogue.

LE PREMIER.

Et notre vers de dix syllabes est trop futile et trop léger. Quoi qu'il en soit, je désirerais que vous n'allassiez à la représentation de quelqu'une des pièces romaines de Corneille qu'au sortir de la lecture des lettres de Cicéron à Atticus. Combien je trouve nos auteurs dramatiques ampoulés! Combien leurs déclamations me sont dégoûtantes, lorsque je me rappelle la simplicité et le nerf du discours de Régulus dissuadant le sénat

et le peuple romain de l'échange des captifs! C'est
ainsi qu'il s'exprime dans une ode, poëme qui
comporte bien plus de chaleur, de verve et d'exa-
gération qu'un monologue tragique; il dit :

« J'ai vu nos enseignes suspendues dans les
« temples de Carthage. J'ai vu le soldat romain
« dépouillé de ses armes qui n'avaient pas été
« teintes d'une goutte de sang. J'ai vu l'oubli de la
« liberté, et des citoyens les bras retournés en
« arrière et liés sur leur dos. J'ai vu les portes des
« villes toutes ouvertes, et les moissons couvrir
« les champs que nous avions ravagés. Et vous
« croyez que, rachetés à prix d'argent, ils re-
« viendront plus courageux? Vous ajoutez une
« perte à l'ignominie. La vertu, chassée d'une
« ame qui s'est avilie, n'y revient plus. N'attendez
« rien de celui qui a pu mourir, et qui s'est laissé
« garotter. O Carthage, que tu es grande et fière
« de notre honte!... »

Tel fut son discours et telle sa conduite. Il se
refuse aux embrassemens de sa femme et de ses
enfans, il s'en croit indigne comme un vil esclave.
Il tient ses regards farouches attachés sur la terre,
et dédaigne les pleurs de ses amis, jusqu'à ce qu'il
ait amené les sénateurs à un avis qu'il était seul
capable de donner, et qu'il lui fût permis de re-
tourner à son exil.

LE SECOND.

Cela est simple et beau; mais le moment où le héros se montre, c'est le suivant.

LE PREMIER.

Vous avez raison.

LE SECOND.

Il n'ignorait pas le supplice qu'un ennemi féroce lui préparait. Cependant il reprend sa sérénité, il se dégage de ses proches qui cherchaient à différer son retour, avec la même liberté dont il se dégageait auparavant de la foule de ses cliens pour aller se délasser de la fatigue des affaires dans ses champs de Vanafre ou sa campagne de Tarente.

LE PREMIER.

Fort bien. A présent mettez la main sur la conscience, et dites-moi s'il y a dans nos poëtes beaucoup d'endroits du ton propre à une vertu aussi haute, aussi familière, et ce que vous paraîtraient dans cette bouche, ou nos tendres jérémiades, ou la plupart de nos fanfaronnades à la Corneille.

Combien de choses que je n'ose confier qu'à vous! Je serais lapidé dans les rues si l'on me savait coupable de ce blasphème, et il n'y a aucune sorte de martyre dont j'ambitionne le laurier.

S'il arrive un jour qu'un homme de génie ose donner à ses personnages le ton simple de l'héroïsme antique, l'art du comédien sera autrement

difficile, car la déclamation cessera d'être une espèce de chant.

Au reste, lorsque j'ai prononcé que la sensibilité était la caractéristique de la bonté de l'ame
et de la médiocrité du génie, j'ai fait un aveu qui
n'est pas trop ordinaire, car si Nature a pétri une
ame sensible, c'est la mienne.

L'homme sensible est trop abandonné à la merci
de son diaphragme pour être un grand roi, un
grand politique, un grand magistrat, un homme
juste, un profond observateur, et conséquemment
un sublime imitateur de la nature, à moins qu'il
ne puisse s'oublier et se distraire de lui-même, et
qu'à l'aide d'une imagination forte il ne sache se
créer, et d'une mémoire tenace tenir son attention
fixée sur des fantômes qui lui servent de modèles ;
mais alors ce n'est plus lui qui agit, c'est l'esprit
d'un autre qui le domine.

Je devrais m'arrêter ici ; mais vous me par-
donnerez plus aisément une réflexion déplacée
qu'omise. C'est une expérience qu'apparemment
vous aurez faite quelquefois, lorsque appelé par un
débutant ou par une débutante, chez elle, en petit
comité, pour prononcer sur son talent, vous lui
aurez accordé de l'ame, de la sensibilité, des entrailles, vous l'aurez accablée d'éloges et l'aurez
laissée, en vous séparant d'elle, avec l'espoir du
plus grand succès. Cependant qu'arrive-t-il ? Elle

paraît, elle est sifflée, et vous vous avouez à vous-
même que les sifflets ont raison. D'où cela vient-il ?
Est-ce qu'elle a perdu son ame, sa sensibilité, ses
entrailles, du matin au soir ? Non ; mais à son rez-
de-chaussée vous étiez terre-à-terre avec elle ; vous
l'écoutiez sans égard aux conventions, elle était
vis-à-vis de vous, il n'y avait entre l'un et l'autre
aucun modèle de comparaison ; vous étiez satisfait
de sa voix, de son geste, de son expression, de
son maintien ; tout était en proportion avec l'auditoire et l'espace ; rien ne demandait de l'exagé-
ration. Sur les planches tout a changé : ici il fallait
un autre personnage, puisque tout s'était agrandi.

Sur un théâtre particulier, dans un salon où
le spectateur est presque de niveau avec l'acteur,
le vrai personnage dramatique vous aurait paru
énorme, gigantesque, et au sortir de la représentation vous auriez dit à votre ami confidemment :
Elle ne réussira pas, elle est outrée; et son succès
au théâtre vous aurait étonné. Encore une fois,
que ce soit un bien ou un mal, le comédien ne
dit rien, ne fait rien dans la société précisément
comme sur la scène ; c'est un autre monde.

Mais un fait décisif qui m'a été raconté par un
homme vrai, d'un tour d'eprit original et piquant,
l'abbé Galiani, et qui m'a été ensuite confirmé par
un autre homme vrai, d'un tour d'esprit aussi
original et piquant, M. le marquis de Caraccioli,

ambassadeur de Naples à Paris, c'est qu'à Naples, la patrie de l'un et de l'autre, il y a un poète dramatique dont le soin principal n'est pas de composer sa pièce.

LE SECOND.

La vôtre, *le Père de Famille*, y a singulièrement réussi.

LE PREMIER.

On en a donné quatre représentations de suite devant le roi, contre l'étiquette de la cour qui prescrit autant de pièces différentes que de jours de spectacle, et le peuple en fut transporté. Mais le souci du poète napolitain est de trouver dans la société des personnages d'âge, de figure, de voix, de caractère propres à remplir ses rôles. On n'ose le refuser, parce qu'il s'agit de l'amusement du souverain. Il exerce ses acteurs pendant six mois, ensemble et séparément. Et quand imaginez-vous que la troupe commence à jouer, à s'entendre, à s'acheminer vers le point de perfection qu'il exige? C'est lorsque les acteurs sont épuisés de la fatigue de ces répétitions multipliées, ce que nous appelons blasés. De cet instant les progrès sont surprenans, chacun s'identifie avec son personnage; et c'est à la suite de ce pénible exercice que des représentations commencent et se continuent pendant six autres mois de suite, et que le souverain et ses sujets jouissent du plus grand plaisir

qu'on puisse recevoir de l'illusion théâtrale. Et
cette illusion, aussi forte, aussi parfaite à la dernière représentation qu'à la première, à votre avis,
peut-elle être l'effet de la sensibilité ?

Au reste, la question que j'approfondis a été
autrefois entamée entre un médiocre littérateur,
Rémond de Sainte-Albine, et un grand comédien,
Riccoboni. Le littérateur plaidait la cause de la
sensibilité, le comédien plaidait la mienne. C'est
une anecdote que j'ignorais et que je viens d'apprendre.

J'ai dit, vous m'avez entendu, et je vous demande à présent ce que vous en pensez.

LE SECOND.

Je pense que ce petit homme arrogant, décidé,
sec et dur, en qui il faudrait reconnaître une dose
honnête de mépris, s'il en avait seulement le quart
de ce que la nature prodigue lui a accordé de suffisance, aurait été un peu plus réservé dans son
jugement si vous aviez eu, vous, la complaisance
de lui exposer vos raisons, lui, la patience de vous
écouter ; mais le malheur est qu'il sait tout, et
qu'à titre d'homme universel, il se croit dispensé
d'écouter.

LE PREMIER.

En revanche, le public le lui rend bien. Connaissez-vous madame Riccoboni ?

LE SECOND.

Qui est-ce qui ne connaît pas l'auteur d'un grand nombre d'ouvrages charmans, plein de génie, d'honnêteté, de délicatesse et de grace?

LE PREMIER.

Croyez-vous que cette femme fût sensible?

LE SECOND.

Ce n'est pas seulement par ses ouvrages, mais par sa conduite qu'elle l'a prouvé. Il y a dans sa vie un incident qui a pensé la conduire au tombeau. Au bout de vingt ans ses pleurs ne sont pas encore taris, et la source de ses larmes n'est pas encore épuisée.

LE PREMIER.

Eh bien, cette femme, une des plus sensibles que la nature ait formée, a été une des plus mauvaises actrices qui ait jamais parus sur la scène. Personne ne parle mieux de l'art, personne ne joue plus mal.

LE SECOND.

J'ajouterai qu'elle en convient, et qu'il ne lui est jamais arrivé d'accuser les sifflets d'injustice.

LE PREMIER.

Et pourquoi, avec la sensibilité exquise, la qualité principale, selon vous, du comédien, la Riccoboni est-elle si mauvaise?

LE SECOND.

C'est que apparemment les autres lui man-

6

quaient à un point tel que la première n'en pouvait compenser le défaut.

Mais elle n'est point mal de figure; elle a de
l'esprit; elle a le maintien décent; sa voix n'a rien
de choquant. Toutes les bonnes qualités qu'on
tient de l'éducation, elle les possédait. Elle ne pré-
sentait rien de choquant en société. On la voit
sans peine, on l'écoute avec le plus grand plaisir.

Je n'y entends rien; tout ce que je sais, c'est
que jamais le public n'a pu se réconcilier avec
elle, et qu'elle a été vingt ans de suite la victime
de sa profession.

Et de sa sensibilité, au-dessus de laquelle elle
n'a jamais pu s'élever; et c'est parce qu'elle est
constamment restée, elle, que le public l'a constamment dédaignée.

Et vous, ne connaissez-vous pas Caillot?

Beaucoup.

Avez-vous quelquefois causé là-dessus?

Non.

LE SECOND.

À votre place, je serais curieux de savoir son avis.

LE PREMIER.

Je le sais.

LE SECOND.

Quel est-il?

LE PREMIER.

Le vôtre et celui de votre ami.

LE SECOND.

Voilà une terrible autorité contre vous.

LE PREMIER.

J'en conviens.

LE SECOND.

Et comment avez-vous appris le sentiment de Caillot?

LE PREMIER.

Par une femme pleine d'esprit et de finesse, la princesse de Galitzin. Caillot avait joué le Déserteur, il était encore sur le lieu où il venait d'éprouver et elle de partager, à côté de lui, toutes les transes d'un malheureux prêt à perdre sa maîtresse et la vie. Caillot s'approche de sa loge et lui adresse, avec ce visage riant que vous lui connaissez, des propos gais, honnêtes et polis. La princesse étonnée, lui dit: « Comment, vous n'êtes pas mort! Moi, qui n'ai été que spectatrice de vos angoisses, je n'en suis pas encore revenue. — Non, Madame, je ne suis pas mort. Je serais trop à plaindre si je mourais si souvent. — Vous ne sentez donc rien ? — Pardonnez-moi.... » — Et puis les voilà engagés dans une discussion qui finit entre eux comme celle-ci finira entre nous : je resterai dans mon opinion, et vous dans la vôtre. La princesse ne se rappelait point les raisons de Caillot, mais elle avait observé que ce grand imitateur de la nature, au moment de son agonie, lorsqu'on allait l'entraîner au supplice, s'apercevant que la chaise où il aurait à déposer Louise évanouie était mal placée, la rarangeait en chantant d'une voix moribonde : *Mais Louise ne vient pas et mon heure s'approche....* Mais vous êtes distrait ; à quoi pensez-vous ?

LE SECOND.

Je pense à vous proposer un accommodement : de réserver à la sensibilité naturelle de l'acteur ces momens rares où sa tête se perd, où il ne voit plus le spectacle, où il a oublié qu'il est sur un théâtre, où il s'est oublié lui-même, où il est dans Argos, dans Mycènes, où il est le personnage même qu'il joue ; il pleure.

LE PREMIER.

En mesure ?

LE SECOND.

En mesure. Il crie.

Juste ?

Juste. S'irrite, s'indigne, se désespère, présente à mes yeux l'image réelle, porte à mon oreille et à mon cœur l'accent vrai de la passion qui l'agite au point qu'il m'entraîne, que je m'ignore moi-mëme, que ce n'est plus ni Brizard, ni Le Kain, mais Agamemnon que je vois, mais Néron que j'entends,... etc., d'abandonner à l'art tous les autres instans.... Je pense que peut-être alors il en est de la nature comme de l'esclave qui apprend à se mouvoir librement sous la chaîne, l'habitude de la porter lui en dérobe le poids et la contrainte.

Un acteur sensible aura peut-être dans son rôle un ou deux de ces momens d'aliénation qui dissonneront avec le reste d'autant plus fortement qu'ils seront plus beaux. Mais dites-moi, le spectacle alors ne cesse-t-il pas d'être un plaisir, et ne devient-il pas un supplice pour vous ?

Oh ! non.

Et ce pathétique de fiction ne l'emporte-t-il pas sur le spectacle domestique et réel d'une famille éplorée autour de la couche funèbre d'un père chéri ou d'une mère adorée ?

LE SECOND.

Oh ! non.

LE PREMIER.

Vous ne vous êtes donc pas, ni le comédien, ni vous, si parfaitement oubliés.....

LE SECOND.

Vous m'avez déjà fort embarrassé, et je ne doute pas que vous ne puissiez m'embarrasser encore; mais je vous ébranlerais, je crois, si vous me permettiez de m'associer un second. Il est quatre heures et demie; on donne *Didon*; allons voir mademoiselle Raucourt; elle vous répondra mieux que moi.

LE PREMIER.

Je le souhaite, mais je ne l'espère pas. Pensez-vous qu'elle fasse ce que, ni la Le Couvreur, ni la Duclos, ni la Deseine, ni la Balincourt, ni la Clairon, ni la Dumesnil, n'ont pu faire? J'ose vous assurer que, si notre jeune débutante est encore loin de la perfection, c'est qu'elle est trop novice pour ne point sentir, et je vous prédis que, si elle continue de sentir, de rester elle, et de préférer l'instinct borné de la nature à l'étude illimitée de l'art, elle ne s'élèvera jamais à la hauteur des actrices que je vous ai nommées. Elle aura de beaux momens, mais elle ne sera pas belle. Il en sera d'elle comme de la Gaussin et de plusieurs autres qui n'ont été toute leur vie maniérées, faibles et

monotones, que parce qu'elles n'ont jamais pu
sortir de l'enceinte étroite où leur sensibilité naturelle les renfermait. Votre dessein est-il toujours de m'opposer mademoiselle Raucourt?

LE SECOND.

Assurément.

LE PREMIER.

Chemin faisant, je vous raconterai un fait qui
revient assez au sujet de notre entretien. Je con-
naissais Pigalle; j'avais mes entrées chez lui. J'y
vais un matin, je frappe; l'artiste m'ouvre, son
ébauchoir à la main; et, m'arrêtant sur le seuil
de son atelier : *Avant que de vous laisser passer,*
me dit-il, *jurez-moi que vous n'aurez pas de peur
d'une belle femme toute nue.....* Je souris....., j'en-
trai... Il travaillait alors à son monument du ma-
réchal de Saxe, et une très-belle courtisane lui
servait de modèle pour la figure de la France.
Mais comment croyez-vous qu'elle me parut entre
les figures colossales qui l'environnaient? pauvre,
petite, mesquine, une espèce de grenouille; elle
en était écrasée; et j'aurais pris, sur la parole de
l'artiste, cette grenouille pour une belle femme,
si je n'avais pas attendu la fin de la séance; et,
si je ne l'avais pas vue terre à terre, et le dos
tourné à ces figures gigantesques qui la rédui-
saient à rien. Je vous laisse le soin d'appliquer ce
phénomène singulier à la Gaussin, à la Riccoboni

et à toutes celles qui n'ont pu s'agrandir sur la scène.

Si par impossible une actrice avait reçu la sensibilité à un degré comparable à celle que l'art porté à l'extrême peut simuler, le théâtre propose tant de caractères divers à imiter et un seul rôle principal amène tant de situations opposées, que cette rare pleureuse, incapable de bien jouer deux rôles différens, excellerait à peine dans quelques endroits du même rôle; ce serait la comédienne la plus inégale, la plus bornée et la plus inepte qu'on pût imaginer. S'il lui arrivait de tenter un élan, sa sensibilité prédominante ne tarderait pas à la ramener à la médiocrité. Elle ressemblerait moins à un vigoureux coursier qui galope qu'à une faible haquenée qui prend le mors aux dents. Son instant d'énergie, passager, brusque, sans gradation, sans préparation, sans unité, vous paraîtrait un accès de folie.

La sensibilité étant en effet compagne de la douleur et de la faiblesse, dites-moi si une créature douce, faible et sensible, est bien propre à concevoir et à rendre le sang-froid de Léontine, les transports jaloux d'Hermione, les fureurs de Camille, la tendresse maternelle de Mérope, le délire et les remords de Phèdre, l'orgueil tyrannique d'Agrippine, la violence de Clytemnestre? Abandonnez votre éternelle pleureuse à quelques-uns de nos rôles élégiaques, et ne l'en tirez pas.

C'est qu'être sensible est une chose, et sentir est une autre. L'une est une affaire d'ame, l'autre une affaire de jugement. C'est qu'on sent avec force et qu'on ne saurait rendre; c'est qu'on rend, seul, en société, au coin d'un foyer, en lisant, en jouant, pour quelques auditeurs, et qu'on ne rend rien qui vaille au théâtre; c'est qu'au théâtre, avec ce qu'on appelle de la sensibilité, de l'ame, des entrailles, on rend bien une ou deux tirades et qu'on manque le reste; c'est qu'embrasser toute l'étendue d'un grand rôle, y ménager les clairs et les obscurs, les doux et les faibles, se montrer égal et dans les endroits tranquilles et dans les endroits agités, être varié dans les détails, harmonieux et un dans l'ensemble, et se former un système soutenu de déclamation qui aille jusqu'à sauver les boutades du poète, c'est l'ouvrage d'une tête froide, d'un profond jugement, d'un goût exquis, d'une étude pénible, d'une longue expérience et d'une ténacité de mémoire peu commune; c'est que la règle *qualis ab incæpto processerit et sibi constet*, très-rigoureuse pour le poète, l'est jusqu'à la minutie pour le comédien; c'est que celui qui sort de la coulisse sans avoir son jeu présent et son rôle noté, éprouvera toute sa vie le rôle d'un débutant, ou que si, doué d'intrépidité, de suffisance et de verve, il compte sur la prestesse de sa tête et l'habitude du métier, cet homme vous en imposera par sa chaleur et son ivresse, et que vous applaudirez à son jeu comme un connaisseur en peinture sourit à une esquisse libertine où tout est indiqué et rien n'est décidé. C'est un de ces prodiges qu'on a vu quelquefois à la Foire ou chez Nicolet. Peut-être ces fous-là font-ils bien de rester ce qu'ils sont, des comédiens ébauchés. Plus de travail ne leur donnerait pas ce qui leur manque et pourrait leur ôter ce qu'ils ont. Prenez-les pour ce qu'ils valent, mais ne les mettez pas à côté d'un tableau fini.

LE SECOND.

Il ne me reste plus qu'une question à vous faire.

LE PREMIER.

Faites.

LE SECOND.

Avez-vous vu jamais une pièce entière parfaitement jouée ?

LE PREMIER.

Ma foi, je ne m'en souviens pas... Mais attendez..... Oui, quelquefois une pièce médiocre, par des acteurs médiocres.....

Nos deux interlocuteurs allèrent au spectacle, mais n'y trouvant plus de place ils se rabattirent aux Tuileries. Ils se promenèrent quelque temps en silence. Ils semblaient avoir oublié qu'ils étaient ensemble, et chacun s'entretenait avec lui-même comme s'il eût été seul, l'un à haute voix, l'autre à voix si basse qu'on ne l'entendait pas, laissant seulement échapper par intervalle des mots isolés, mais distincts, desquels il était facile de conjecturer qu'il ne se tenait pas pour battu.

Les idées de l'homme au paradoxe sont les seules dont je puisse rendre compte, et les voici aussi décousues qu'elles doivent le paraître lorsqu'on supprime d'un soliloque les intermédiaires qui servent de liaison. Il disait :

Qu'on mette à sa place un acteur sensible, et nous verrons comment il s'en tirera. Lui, que fait-il? Il pose son pied sur la balustrade, rattache sa jarretière, et répond au courtisan qu'il méprise, la tête tournée sur une de ses épaules; et c'est ainsi qu'un incident qui aurait déconcerté tout autre que ce froid et sublime comédien, subitement adapté à la circonstance, devient un trait de génie.

[Il parlait, je crois, de Baron dans la tragédie du *Comte d'Essex*. Il ajoutait en souriant:]

Eh oui, il croira que celle-là sent, lorsque renversée sur le sein de sa confidente et presque moribonde, les yeux tournés vers les troisièmes loges, elle y aperçoit un vieux procureur qui fondait en larmes et dont la douleur grimaçait d'une manière tout-à-fait burlesque, et dit: « Regarde donc un peu là-haut la bonne figure que voilà... » murmurant dans sa gorge ces paroles comme si elles eussent été la suite d'une plainte inarticulée... A d'autres ! à d'autres ! Si je me rappelle bien ce fait, il est de la Gaussin, dans *Zaïre*.

Et ce troisième dont la fin a été si tragique, je l'ai connu, j'ai connu son père, qui m'invitait aussi quelquefois à dire mon mot dans son cornet.

[Il n'y a pas de doute qu'il ne soit ici question du sage Montmesnil.]

C'était la candeur et l'honnêteté même. Qu'y avait-il de commun entre son caractère naturel et celui de Tartuffe qu'il jouait supérieurement? Rien. Où avait-il pris ce torticoli, ce roulement d'yeux si singulier, ce ton radouci et toutes les autres finesses du rôle de l'hypocrite? Prenez garde à ce que vous allez répondre. — Je vous tiens. Dans une imitation profonde de la nature. — Dans une imitation profonde de la nature? Et vous verrez que les symptômes extérieurs qui désignent le plus fortement la sensibilité de l'ame ne sont pas autant dans la nature que les symptômes extérieurs de l'hypocrisie; qu'on ne saurait les y étudier, et qu'un acteur à grand talent trouvera plus de difficultés à saisir et à imiter les uns que les autres ! Et si je soutenais que de toutes les qualités de l'ame, la sensibilité est la plus facile à contrefaire, n'y ayant peut-être pas un seul homme assez cruel, assez inhumain pour que le germe n'en existât pas dans son cœur, pour ne l'avoir jamais éprouvée; ce qu'on ne saurait assurer de toutes les autres passions, telle que l'avarice, la méfiance? Est-ce qu'un excellent instrument...— Je vous entends; il y aura toujours entre celui qui contrefait la sensibilité et celui qui sent, la différence de l'imitation à la chose. — Et tant mieux, tant mieux, vous dis-je. Dans le premier cas, le comédien n'aura pas à se séparer de lui-même, il se portera tout à coup et de plein saut à la hauteur du modèle idéal. — Tout à coup et de plein saut! — Vous me chicanez sur une expression. Je veux dire que n'étant jamais ramené au petit modèle qui est en lui, il sera aussi grand, aussi étonnant, aussi parfait imitateur de la sensibilité que de l'avarice, de l'hypocrisie, de la duplicité, et de tout autre caractère qui ne sera pas le sien, de toute autre passion qu'il n'aura pas. La chose que le personnage naturellement sensible me montrera sera petite; l'imitation de l'autre sera forte, ou s'il arrivait que leurs copies fussent également fortes, ce que je ne vous accorde pas, mais pas du tout, l'un, parfaitement maître de lui-même et jouant tout-à-fait d'étude et de jugement, serait tel que l'expérience journalière le montre, plus un que celui qui jouera moitié de nature, moitié d'étude, moitié d'après un modèle, moitié d'après lui-même. Avec quelque habileté que ces deux imitations soient fondues ensemble, un spectateur délicat les discernera plus facilement encore qu'un profond artiste ne démêlera dans une statue la ligne qui séparerait ou deux styles différens, ou le devant exécuté d'après un modèle, et le dos d'après un autre. — Qu'un acteur consommé cesse de jouer de tête, qu'il s'oublie; que son cœur s'embarrasse; que la sensibilité le gagne, qu'il s'y livre. — Il nous enivrera. — Peut-être. — Il nous transportera d'admiration. — Cela n'est pas impossible, mais c'est à condition qu'il ne sortira pas de son système de déclamation et que l'unité ne disparaîtra point, sans quoi vous prononcerez qu'il est devenu fou. — Oui, dans cette supposition vous aurez un bon moment, j'en conviens; mais préférez-vous un beau moment à un beau rôle? Si c'est votre choix ce n'est pas le mien.

Ici l'homme au paradoxe se tut. Il se promenait à grands pas sans regarder où il allait; il eût heurté de droite et de gauche ceux qui venaient à sa rencontre s'ils n'eussent évité le choc. Puis, s'arrêtant tout à coup, et saisissant son antagoniste fortement par le bras, il lui dit d'un ton dogmatique et tranquille : Mon ami, il y a trois modèles, l'homme de la nature, l'homme du poète, l'homme de l'acteur. Celui de la nature est moins grand que celui du poète, et celui-ci moins grand encore que celui du grand comédien, le plus exagéré de tous. Ce dernier monte sur les épaules du précédent, et se renferme dans un grand mannequin d'osier dont il est l'ame; il meut ce mannequin d'une manière effrayante, même pour le poète qui ne se reconnaît plus, et il nous épouvante, comme vous l'avez fort bien dit, ainsi que les enfans s'épouvantent les uns les autres en tenant leurs petits pourpoints courts élevés au-dessus de leur tête en s'agitant, et en imitant de leur mieux la voix rauque et lugubre d'un fantôme qu'ils contrefont. Mais, par hasard, n'auriez-vous pas vu des jeux d'enfans qu'on a gravés? N'y auriez-vous pas vu un marmot qui s'avance sous un masque hideux de vieillard qui le cache de la tête aux pieds? Sous ce masque, il rit de ses petits camarades que la terreur met en fuite. Ce marmot est le vrai symbole de l'acteur; ses camarades sont les symboles du spectateur. Si le comédien n'est doué que d'une sensibilité médiocre, et que ce soit là tout son mérite, ne le tiendrez-vous pas pour un homme médiocre? Prenez-y garde, c'est encore un piège que je vous tends. — Et s'il est doué d'une extrême sensibilité, qu'en arrivera-t-il? — Ce qu'il en arrivera? C'est qu'il ne jouera pas du tout, ou qu'il jouera ridiculement. Oui, ridiculement, et la preuve, vous la verrez en moi

quand il vous plaira. Que j'aie un récit un peu pathétique à faire, il s'élève je ne sais quel trouble
dans mon cœur, dans ma tête; ma langue s'embarrasse; ma voix s'altère; mes idées se décom-
posent; mon discours se suspend; je balbutie, je
m'en aperçois; les larmes coulent de mes joues,
et je me tais. — Mais cela vous réussit. — En société; au théâtre, je serais hué. — Pourquoi? —
Parce qu'on ne vient pas pour voir des pleurs,
mais pour entendre des discours qui en arrachent,
parce que cette vérité de nature dissonne avec la
vérité de convention. Je m'explique : je veux dire
que, ni le système dramatique, ni l'action, ni les
discours du poète, ne s'arrangeraient point de ma
déclamation étouffée, interrompue, sanglotée.
Vous voyez qu'il n'est pas même permis d'imiter
la nature, même la belle nature, la vérité de trop
près, et qu'il est des limites dans lesquelles il faut
se renfermer. — Et ces limites, qui les a posées?
— Le bon sens qui ne veut pas qu'un talent
nuise à un autre talent. Il faut quelquefois que
l'acteur se sacrifie au poète. — Mais si la compo-
sition du poète s'y prêtait? — Eh bien ! vous auriez une autre sorte de tragédie tout-à-fait différente de la vôtre. — Et quel inconvénient à cela ?
— Je ne sais pas trop ce que vous y gagneriez;
mais je sais très-bien ce que vous y perdriez.

Ici l'homme paradoxal s'approcha pour la seconde ou la troisième fois de son antagoniste, et lui dit :

Le mot est de mauvais goût, mais il est plaisant, mais il est d'une actrice sur le talent de laquelle il n'y a pas deux sentimens. C'est le pendant de la situation et du propos de la Gaussin; elle est aussi renversée entre Pillot-Pollux; elle se meurt, du moins je le crois, et elle lui bégaie tout bas : *Ah ! Pillot, que tu pues !*

Ce trait est d'Arnoud faisant Télaïre. Et dans ce moment, Arnoud est vraiment Télaïre? Non, elle est Arnoud, toujours Arnoud. Vous ne m'amènerez jamais à louer les degrés intermédiaires d'une qualité qui gâterait tout, si, poussée à l'extrême, le comédien en était dominé. Mais je suppose que le poète eût écrit la scène pour être déclamée au théâtre comme je la réciterais en société; qui est-ce qui jouerait cette scène? Personne, non personne, pas même l'acteur le plus maître de son action; s'il s'en tirait bien une fois, il la manquerait mille. Le succès tient alors à si peu de chose!... Ce dernier raisonnement vous paraît peu solide? Eh bien, soit; mais je n'en conclurai pas moins de piquer un peu nos ampoules, de rabaisser de quelques **crans nos** échasses, et de laisser les choses à peu près comme elles sont. Pour un poète de génie qui atteindrait à cette prodigieuse vérité de Nature, il s'élèverait une nuée d'insipides et plats imitateurs. Il n'est pas permis, sous peine d'être insipide, maussade, détestable, de descendre d'une ligne au-dessous de la simplicité de Nature. Ne le pensez-vous pas?

LE SECOND.

Je ne pense rien. Je ne vous ai pas entendu.

LE PREMIER.

Quoi! nous n'avons pas continué de disputer?

LE SECOND.

Non.

LE PREMIER.

Et que diable faisiez-vous donc?

LE SECOND.

Je rêvais.

LE PREMIER.

Et que rêviez-vous?

LE SECOND.

Qu'un acteur anglais appelé, je crois, *Machlin* (j'étais ce jour-là au spectacle), ayant à s'excuser auprès du parterre de la témérité de jouer après Garrick, je ne sais quel rôle dans le *Machbeth* de Shakspeare, disait, entre autres choses, que les impressions qui subjuguaient le comédien et le soumettaient au génie et à l'inspiration du poète lui étaient très-nuisibles; je ne sais plus les raisons qu'il en donnait, mais elles étaient très-fines, et elles furent senties et applaudies. Au reste si vous en êtes curieux, vous les trouverez dans une

Lettre insérée dans le *Saint-James Chronicle,* sous le nom de Quinctilien.

LE PREMIER.

Mais j'ai donc causé long-temps tout seul?

LE SECOND.

Cela se peut; aussi long-temps que j'ai rêvé tout seul. Vous savez qu'anciennement des acteurs faisaient des rôles de femmes?

LE PREMIER.

Je le sais.

LE SECOND.

Aulu-Gelle raconte, dans ses *Nuits Attiques,* qu'un certain Paulus, couvert des habits lugubres d'Electre, au lieu de se présenter sur la scène avec l'urne d'Oreste, parut en embrassant l'urne qui renfermait les cendres de son propre fils qu'il venait de perdre, et qu'alors ce ne fut point une vaine représentation, une petite douleur de spectacle; mais que la salle retentit de cris et de vrais gémissemens.

LE PREMIER.

Et vous croyez que Paulus dans ce moment parla sur la scène comme il aurait parlé dans ses foyers? non, non. Ce prodigieux effet, dont je ne doute pas, ne tint ni aux vers d'Euripide ni à la déclamation de l'acteur, mais bien à la vue d'un père désolé qui baignait de ses pleurs l'urne de son propre fils. Ce Paulus n'était peut-être qu'un

médiocre comédien; non plus que cet Æsopus
dont Plutarque rapporte que, « jouant un jour
« en plein théâtre le rôle d'Atréus délibérant en
« lui-même comment il se pourra venger de son
« frère Thiestès, il y eut d'aventure quelqu'un
« des serviteurs qui voulut soudain passer en cou-
« rant, devant lui, et que lui, Æsopus, étant hors
« de lui-même pour l'affection véhémente et pour
« l'ardeur qu'il avait de représenter au vif la pas-
« sion furieuse du roi Atréus, lui donna sur la tête
« un tel coup du sceptre qu'il tenait en sa main,
« qu'il le tua sur la place... » C'était un fou que
le tribun devait envoyer sur-le-champ au mont
Tarpeïen.

LE SECOND.

Comme il fit apparemment.

LE PREMIER.

J'en doute. Les Romains faisaient tant de cas de
la vie d'un grand comédien et si peu de la vie d'un
esclave !

Mais, dit-on, un orateur en vaut mieux quand
il s'échauffe, quand il est en colère. Je le nie. C'est
quand il imite la colère. Les comédiens font im-
pression sur le public, non lorsqu'ils sont furieux,
mais lorsqu'ils jouent bien la fureur. Dans les tri-
bunaux, dans les assemblées, dans tous les lieux
où l'on veut se rendre maître des esprits, on feint
tantôt la colère, tantôt la crainte, tantôt la pitié

pour amener les autres à ces sentimens divers. Ce que la passion elle-même n'a pu faire, la passion bien imitée l'exécute.

Ne dit-on pas dans le monde qu'un homme est un grand comédien? On n'entend pas par là qu'il sent, mais au contraire qu'il excelle à simuler, bien qu'il ne sente rien : rôle bien plus difficile que celui de l'acteur, car cet homme a de plus à trouver le discours et deux fonctions à faire, celle du poète et du comédien. Le poète sur la scène peut être plus habile que le comédien dans le monde; mais croit-on que sur la scène l'acteur soit plus profond, soit plus habile à feindre la joie, la tristesse, la sensibilité, l'admiration, la haine, la tendresse, qu'un vieux courtisan?

Mais il se fait tard. Allons souper.

FIN.

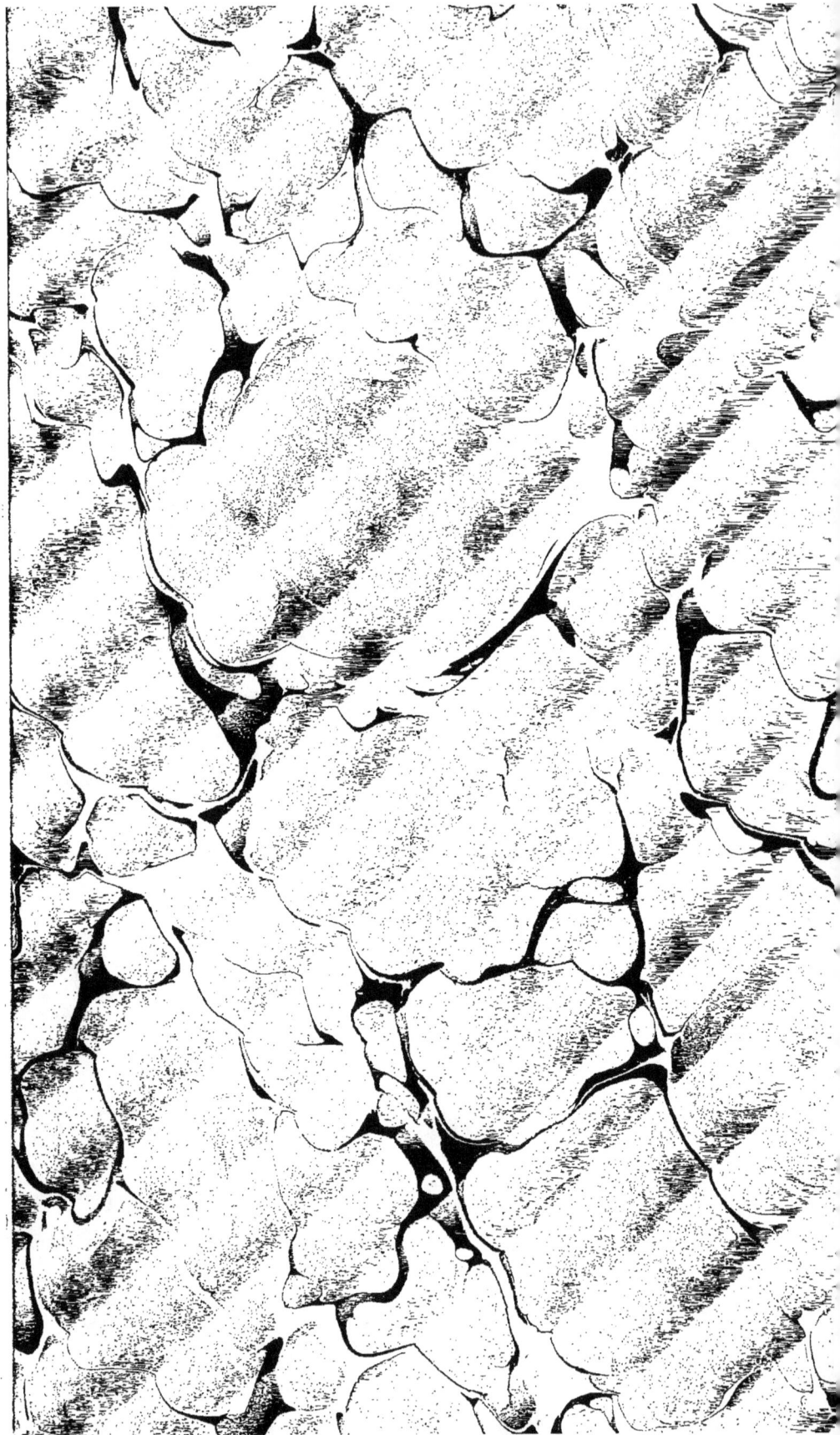

* 9 7 8 2 0 1 3 7 4 6 4 6 5 *